金融学入门

JINRONG XUE RUMEN

马嘉骏 张中华◎编著

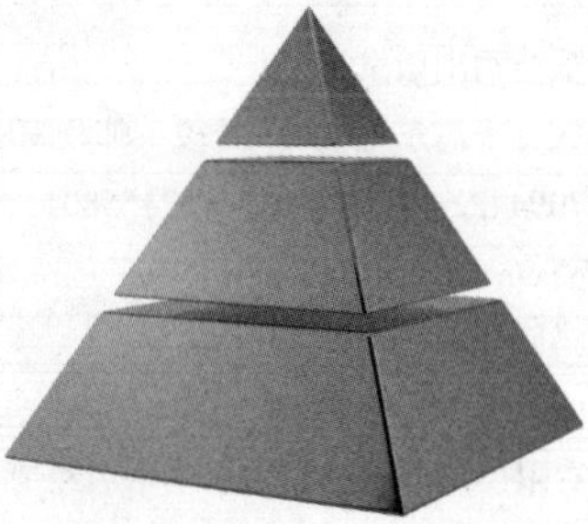

中国纺织出版社有限公司

内 容 提 要

金融学是研究价值判断和价值规律的学科，也是一门实用性的学科，金融学能让人更加理智、智慧地做决策、判断，你不需要成为金融家，也无需研究晦涩难懂的金融学理论，只要掌握一些基础的金融学知识，就能精妙地解读发生在身边的金融现象，并能以最合理的方式实现“钱生钱”的目标，助你实现人生梦想。

本书是金融学入门书，本书针对生活中的零基础、入门级读者，以金融学的基本结构作为骨架，以通俗易懂的方式阐释金融学的基础知识，让读者能够学以致用，教会读者以简单的金融学思维去思考、了解和处理工作和生活中遇到的问题。

图书在版编目（CIP）数据

金融学入门 / 马嘉骏，张中华编著.-- 北京：中国纺织出版社有限公司，2022.5

ISBN 978-7-5180-9360-1

Ⅰ.①金… Ⅱ.①马… ②张… Ⅲ.①金融学—通俗读物 Ⅳ.①F830-49

中国版本图书馆CIP数据核字（2022）第031239号

责任编辑：赵晓红　　责任校对：高　涵　　责任印制：储志伟

中国纺织出版社有限公司出版发行

地址：北京市朝阳区百子湾东里 A407 号楼　邮政编码：100124

销售电话：010—67004422　传真：010—87155801

http://www.c-textilep.com

中国纺织出版社天猫旗舰店

官方微博 http://weibo.com/2119887771

天津千鹤文化传播有限公司印刷　各地新华书店经销

2022年5月第1版第1次印刷

开本：710×1000　1/16　印张：13

字数：160千字　定价：39.80元

前言
Preface

提到金融学，可能很多人会觉得它高深莫测，人们也会认为学习和研究金融学是金融界专业人士、理财高手和企业高管们的事，与我们平常老百姓有何关系呢？其实不然，当今社会，经济全球化趋势不断加强，无论是企业还是个人，金融活动已经渗透到方方面面，我们在日常生活中也随处可见金融学的影子，我们在工作、生活、投资、消费和理财时，也都会接触到金融学的规律、法则。对于任何人来说，掌握一定的金融学知识，能够帮助我们更合理地规划自己的钱财、更理智地控制自己的消费行为、以最恰当的资产配置方式实现资产增值，也能帮助企业组织找到最为理性和科学的经济决策与企业战略等，继而在激烈的市场竞争中拥有较高的竞争资本。

也许你会好奇："什么是利率？""CPI、GDP是什么意思呢？"当我们学习金融学的基础知识后，这些问题的答案就一目了然了，我们会惊叹于"钱生钱"的奇妙，感受到来自金融的神奇力量，然而，金融学与一般的学科不同，它蕴含了大量的专业数据和数学工具，缺乏专业金融背景的人确实对其心生畏惧，认为金融学是晦涩难懂的专业学科，无法精确解读其中的知识，但实际上，金融学并不是"高高在上"的学科，即便再晦涩难懂的知识也是来源于现实生活的，正因为如此，我们认为很有必要帮助读者朋友们以更加轻松易懂的方式了解金融学。

鉴于此，我们编著了《金融学入门》这本书，本书是金融学的"入门类读物"，即便是没有接触过金融学的零基础读者也能阅读，本书一共分为十章，从"货币与货币制度""信用与企业生存""理财知识""企业资金管理""金融机构体系与金融市场""货币政策及金融工具""国际金融体系与国际金融机构"等方面出发，为初学者提供一个完整、严密的思维框架，全面系统地阐述了金融学的基本理论以及在现实生活中的应用，本书还尽量避免了繁琐的公式和晦涩难懂的专业知识，目的在于让初学者以轻松愉快的方式对金融学有个全方位的认识和了解，并能对你们的生活和工作起到指导作用。

编著者

2021年9月

目录
contents

第一章
了解货币和货币制度，洞察金融市场

第一节　金融就是货币资金的融通

金融学是一门研究货币的学科。在现实生活中，货币的通俗定义有很多种。第一种通俗定义就是把货币等同于现金。货币是什么，那不就是一张张人民币，钱呗！货币是我们在日常生活中经常接触的东西，一般人这样认为自然也无可厚非，但是在金融学中，这样定义货币过于狭窄了，货币的范围要比“钱”大得多。在今天，支票、信用卡、银行储蓄卡都可以作为我们购物时的支付工具。实际上，在现代经济生活中，无论是商品、劳务还是金融产品的交易，用现金支付的只占极小的比重。

在日常生活中又有很多人将货币等同于财富，这是第二种通俗定义。但财富的范围又要比货币宽泛得多。人们购买的股票、债券、基金等金融资产和拥有的住宅、轿车等都归为财富之类，但它们不属于货币的范畴。事实上，货币作为一般等价物，是社会财富的一般性代表，但货币并不等同于社会财富本身，它只是社会财富的一部分。

第三种通俗定义是把货币等同于收入。收入是一定期限内的货币流量，而货币是某一时点上的存量，若把货币定义为收入，那么货币量将无法计量。

那么，金融学到底是如何定义货币的呢？关于货币的本质，在西方货币学说史上曾存在两种不同的观点：一是货币金属论，二是货币名目论。

货币金属论者从货币的价值尺度、储藏手段和世界货币的职能出发，认为货币与贵金属等同，货币必须具有金属内容和实质价值，货币的价值取决于贵金属的价值。而货币名目论者则从货币的流通手段、支付手段等职能出发，否定货币的实质价值，认为货币只是一种符号，一种名目上的存在。

因为货币金属论是货币金、银本位制的产物，随着20世纪初金本位制度的崩溃，其影响力正日益减弱。所以目前在西方货币学说中，占统治地位的是货币名目论，这从西方经济学教科书对货币的定义中可见一斑。美国著名经济学家米什金的《货币金融学》将货币定义为："货币或货币供给是任何在商品或劳务的支付或在偿还债务时被普遍接受的东西。"

翻开这本书的您肯定不是金融学家！请原谅我武断的推理。我估计别说真正的金融学家了，就是金融学的学生也很少有看过上述那本书的……所以我们的书中自然也不需要那么复杂的学术推论。言简意赅地说，货币就是一种特殊的商品。这种商品有自己的价值，同时可以和任何其他的商品交换。

由于货币属于商品，因此它同所有商品一样也具有使用价值和交换价值。当处在不同形式的价值运动中的时候，货币所表现出来的作用也不尽相同。通常金融学家（当然经济学家也一样）认为被人们普遍接受的，可以充当交易媒介、价值尺度、价值贮藏、支付手段和安全流动的商品，都可以被看作是货币，其本质是一般等价物。它既可以是黄金、白银这样的有形物品，也可以是一种被普遍接受的符号。只要具有以下五个方面的功能，就可以被称为货币。

货币的第一个功能是交易媒介。我们用货币来支付商品和劳务能够极大地提高经济运行效率。在货币产生之前，人们进行商品交换时是用"以物易物"的方式，具体来说，拥有一头羊的人牵来了羊换取了另一个人牵来的鹿。但这种以物易物的交换方式非常不方便，于是，逐渐衍生出货币。人们统一用货币计量自己商品的价值，并用货币量的多少来向交易对手报价，从此，人们进行商品交换时不必再牵着羊了，而只要揣着货币就可以了。可见，货币并不是人们交换的目的，而只是便捷人类进行交换的工具，有了它，人类的商品交换就能从"以物易物"时代被推进到"以货币为媒介”的时代，交换的效率大为提升。

尤为重要的是，交换效率的提高，是满足社会分工的重要条件，人类社会也因此得以进步。举个例子来说，牛顿爵士对社会的贡献非常之大，但是他也要吃饭填饱肚子，养活自己。虽然我们不知道牛顿爵士其他的生活技能如何，比如投资（这方面牛顿爵士被证明很不行，有兴趣的读者可以自行搜索下“南海泡沫”）、经商、手工艺品，等等，但是起码可以假定牛顿爵士可以给人讲授物理学。那么在一个物物交换的经济社会中，如果牛顿爵士想要获得食物，他就必须找到一个农夫，这个农夫必须既生产他所喜欢的食物，又想学习物理学。可以想象，这需要一定的运气和大量的时间。万一找不到的话，牛顿爵士就只能饿肚子或者放弃物理学研究而自己去种田，这对社会是多大的损失啊！

如果我们引入货币，情况就完全不同了。牛顿爵士可以为想听他讲物理学的学生讲课，收取货币报酬，然后用他收到的钱购买他所需要的食物。从这个例子中可以看到，货币大大降低了花费在交换物品和劳务上的时间，提高了经济运行的效率。同时，它使人们可以专注于他们最擅长的事情，同样也可提高经济运行的效率。

货币的第二个功能是价值尺度。货币就像一把尺子，一把衡量商品价格的尺子。就像用“米”来表示长度、用“斤”和“两”来表示物品的重量一样，我们可以用“元”来表示物品的价值。可以想象一个以物易物的社会，1斤鸡肉的价格是2斤油，而1斤鱼值8斤西红柿，要判断鸡肉和鱼肉孰贵孰贱是很困难的。如果没有货币，有n种商品，它们相互交换需要标出$n(n-1)/2$个之多的交换价值。有了货币只需要n个价格。如果各种商品的价格都用“元”来标出，那么商品的贵贱便一目了然。

货币的第三个功能是价值储藏。在物物交换的经济社会，卖的同时也在买，买卖是合一的。但我们大多数人并不是想在获得收入时就进行支付，而要等我们有购物欲的时候再进行支出。产生货币后，买和卖成了两个相互独立的环节。在卖出商品时不必同时买进另一种商品，可以留着货币直到我们有需要的时候再购买别的商品。在卖出和买入之间的这一段时间里，货币就可起到价值储蓄的功能。

当然，货币作为价值储藏手段，最主要的前提是币值一定要稳定。在一个高通货膨胀的时期，人们辛辛苦苦积攒的钱在不断贬值，例如一个月前可以买100斤大米的钱，现在只能买50斤大米。在这种情况下，人们就会让手中的货币尽快脱手，这时货币价值储藏的功能严重下降。

货币的第四个功能是支付手段。货币具有在商品赊购赊销过程中的延期支付以及用于清偿债务，支付赋税、租金、工资等的功能。凭借货币的这种功能，买和卖被分离了，很多更复杂的买卖得以成交。

货币的第五个功能是国际货币。如今地球变成了“地球村”，国际贸易日益频繁，交易的媒介便是货币。当然，能够充当国际货币的，自然是实力比较强、经济繁荣稳定的国家和区域的货币，比如美元、欧元等。如果一国政治环境动荡、经济秩序混乱，其币值朝不保夕，人们在国际贸易中自然不会接受这样的货币。现阶段，随着中国经济实力的增强和在世界经济中地位的提高，人民币也将为越来越多的国家和地区所接受。

可见货币就是买卖的桥梁，是商品流通的中介。在一手交钱，一手交货的买卖中，货币承担着交易媒介的功能。从远古时期的贝壳，到后来的金银铜，再到纸币，再到现在的电子货币，货币形态的每一次进步都使买卖变得更加便利。

第二节 虚拟货币的诞生

Q币是许多网民非常熟悉的一种“货币”，目前使用人数已经超过2亿。在通常情况下，Q币的兑价是1Q币=1元人民币，在腾讯拍拍网上的交易价一般打9折。从中可以引出金融学上的虚拟货币概念。

研究表明，目前市场上流通的各种网络虚拟货币年销售规模高达几十亿元人民币，并且还在以每年15%~20%的速度递增。虚拟货币作为电子商务的产物，正在扮演着越来越重要的角色：例如，在一些电视台举办的选秀大赛中，“粉丝”们为了支持心爱的歌手纷纷购买Q币投票；在淘宝网上，Q币的日交易额超过50万元；一些中小型网站的论坛版主领到的工资就是Q币，然后再用它来兑换成人民币……

2002年以来，我国每年都会出现大量的因为游戏账号被停用、虚拟财产丢失而引发的法律纠纷。然而，由于Q币等究竟是虚拟货币还是商品，一直纠缠不清，这种法律纠纷也就很难得到调解。

那么，Q币等究竟是虚拟货币还是商品呢?

顾名思义，虚拟货币的本义是指它不是现实中的货币，而是只“用来玩玩”的，所以通常只能使用于网络游戏中。除了常见的腾讯公司的Q币、Q点以外，还有盛大公司的点券，新浪公司的U币米票（用于iGame游戏）、侠义元宝（用于侠义道游戏）、纹银（用于碧雪晴天游戏），百度公司的百度币、酷币、魔兽币等十多种。

不过，游戏中的虚拟和现实也并非完全没有联系。说得更具体一点就是，这种虚拟的货币也是有现实价值的。这样一来，以Q币为代表的这些东西究竟是商品还是虚拟货币，就有点分不清了。

尤其是，许多游戏里的虚拟货币可真可假、半真半假混淆了这种概念。例如，在玩电脑游戏时，玩家一开始所扮演的角色就拥有一部分钱，这时候玩家并不需要从自己口袋里掏钱购买游戏里的装备。但随着游戏的不断深入，尤其是原来的虚拟钱用完了，就需要自己掏钱购买虚拟货币来继续游戏了，这样就完成了从真实货币向虚拟货币的转变。

一般来说，虚拟货币主要是用来购买该虚拟货币发行人（网络游戏服务提供商）所提供的产品和服务的，很少有人能把虚拟货币换成现实货币。例如，你可以用人民币去购买Q币充值或其他QQ会员服务，但很少有人能用Q币换取人民币。

虚拟货币可以是网络游戏中经常使用的那种数字货币，但并非一定表现为数字货币。小孩子玩“过家家”游戏时用来购买“商品”的“钱”（如各种各样的纸片、石块甚至泥巴）也是一种虚拟货币；成年人在麻将室里打麻将，把真实的货币揣在身上，抽屉里和桌面上只放游戏筹码，这种筹码也是虚拟货币。

既然是虚拟的，又称之为货币，表明这种虚拟和现实之间是有密切联系的。例如，电脑游戏中的Q币可以用人民币购买，甚至也可以出售兑换成人民币；小孩子“过家家”游戏时用来购买“商品”的纸片，在游戏中也都有相应的“面值”；成年人打麻将时所用的筹码，背后代表着数额不等的人民币；等等。

举个实例来说。游戏玩家从别人那里购买一个现成的游戏账号，这个账号里或多或少会有一些虚拟资产或装备。这个玩家之所以要购买这样一个别人用过的账号，目的是能够利用这个账号中的虚拟资产继续玩游戏，这样自己的“升级”会更快一些。

如果这种游戏规则允许玩家之间相互转移游戏装备，那么这种虚拟资产的转移，是必定需要通过现实中的货币（人民币）来进行交换的；即使规定这些游戏装备不需要用人民币来支付，而只需要支付虚拟货币，那么这种虚拟货币和现实货币（人民币）之间也会有一个固定“汇率”，否则就无法进行这种货币支付。

虚拟货币和现实货币之间的界限正在慢慢模糊起来。但无论这种关系是模糊还是清晰，都必须具备这种联系，这样才能称之为虚拟货币。如果“虚拟”的产品完全不具备“货币”功能，也是不能称为虚拟货币的。

有人说，玩家可以通过银行卡、电话银行、实物QQ卡等方式购买Q币，用来支付会员服务费用、购买网络游戏装备、购买游戏币等，甚至可以和人民币互相“兑换”，这就表明这种虚拟货币能够代替人民币在网上交易时充当一般等价物，从而违反了《人民币管理条例》，对人民币的法定货币地位形成了冲击，扰乱了金融秩序，以至于具备了“黑市货币”的性质。

但腾讯公司认为，Q币不是真正意义上的货币，只是一种商品。因为它只能用于购买该公司的增值服务，本身并没有其他交易功能，在不同企业主体之间是不能交换的。即使在腾讯公司内部，它实行的也是单向兑换，即可以用人民币购买Q币，却不能反向操作即用Q币兑换成人民币，所以Q币并不是虚拟货币。

对此，中国人民银行还没有对Q币是否违反《人民币管理条例》做出权威解释。但有消息说，中国人民银行正在起草制定与电子货币相关的管理办法，其中就包括Q币等虚拟货币有关的内容。

本书赞同Q币是特殊商品、兑换券而非虚拟货币的说法，并且认为，虚拟货币的一条基本特性是必须广泛充当一般等价物，如腾讯公司的“财付通”、阿里巴巴网站的“支付宝”等，这才完全符合虚拟货币的特性。

读者都知道，马克思认为，货币是充当一般等价物的特殊商品，这种特殊商品具有五大职能：价值尺度、流通手段、支付手段、贮藏手段、世界货币。我们可以从这五大职能来分析Q币是否是虚拟货币：

（1）价值尺度。Q币虽然具有价值尺度，但这并不是它自己拥有的，而是通过绑定人民币才得以体现的。如果Q币的官方价格经常变动，这种价值尺度就根本无法体现出来。而其他虚拟货币如U币等，由于没有明确绑定人民币，所以它们的价值尺度作用就不明显。

（2）流通手段。Q币能够方便地转让，所以它的流通性还不错。

（3）支付手段。支付手段没问题，因为它能在网上自由地支付QQ会员充值等费用，但谈不上是一种法偿货币。因为这种支付手段是有明确限制的，只能用于腾讯公司开展的业务，超出这个范围别人就不承认了。

（4）贮藏手段。由于网络安全问题，很少有人会在自己的游戏账号上存放大量的Q币，它的储藏价值并不大。

（5）世界货币。虽然网络是无国界的，但Q币的这一职能比较勉强，至多只能说在虚拟世界里能够充当世界货币倒还比较贴切。

除此以外，如果对照货币的其他特性，Q币也能证明上述观点。例如，Q币没有时间价值，所以也就不存在Q币银行、Q币利息、Q币流通乘数、Q币通货膨胀问题；Q币的上市总量由腾讯公司独家决定，也不会出现任何信贷扩张、呆账坏账的问题。

至此容易看出，如果称Q币为虚拟货币确实比较勉强。虽然从定义上看还说得过去，但是从那几个职能来看，很难完全对得上号。

虽然Q币是不是属于虚拟货币目前还没有定论，但我国现行税法规定，通过网络销售取得的虚拟货币收入是必须缴纳个人所得税的。例如，玩家通过网络收购其他玩家的虚拟货币，然后加价后向别人出售，所得收入就属于个人所得税应税所得，要按照“财产转让所得”项目，对加价销售的部分按20%的固定税率计算缴纳个人所得税。

第三节　货币研究，洞悉金融学的秘密

金融学的英语是Finance，以前金融学是属于经济学的一个分支学科，但现在已经独立出来，成了一个独立学科。所谓金融，广义来讲泛指一切与信用货币的发行、保管、兑换、结算、融通有关的经济活动，甚至包括金、银的买卖；狭义来讲专指信用货币的融通。

金融学研究的内容可概括为货币的发行与回笼，存款的吸收与付出，贷款的发放与回收，金银、外汇的买卖，有价证券的发行与转让，保险、信托和国内、国际的货币结算等。从事金融活动的机构主要有银行、信托

投资公司、保险公司、证券公司等。

金融学的核心是信用，信用与货币流通这两个经济过程现在已紧密地结合在一起，而最能表明金融特征的，是可以创造和消减货币的银行信用，而这也被认为是现代金融学的核心。换句话说，我之所以放心地把我的钱投向金融市场，由着其他人去折腾的前提是我确信这笔钱不会轻易被人给卷跑了，而放进银行明显比放进股市要更安全一些。

进一步考察已有“金融”的定义的话，虽然表述林林总总，重点各不相同，尚无一致认识，但归纳这些表述各异的“金融”概念便可发现，根据其视角和侧重点，大致可分为“资金融通论”“金融资源论”“金融产业论”“金融工具论”“金融媒介论”等几种类型。其中“资金融通论”在我国历史最为久远，影响最为深刻，词典、教科书中的金融定义基本来源于此，另外一些则基本上是在“资金融通论”基础上的延伸或扩展，或有所侧重。

“资金融通论”认为：“金融就是货币资金的融通，指通过货币流通和信用渠道以融通资金的经济活动。”“资金融通论”虽然历史最为久远，并且居于主流地位，但深入分析之后我们可以发现，这一定义虽然比较准确地概括了金融的活动过程，但却把金融的本质属性隐藏在背后，似乎有“金融”就是金融的同义反复之嫌。

“金融资源论”认为：金融是人类社会财富的索取权，是货币化的社会资产；是以货币形态表现的，具有“存量”形态的，既联系现在与过去，也联系现在与未来的金融存量投入、消耗过程及相应的体制转变；金融是一种资源，是有限的或稀缺的资源，是社会战略性资源。

“金融产业论”认为：金融是资金融通的行为及机制的总称，是与国民经济其他产业部门平等的产业，金融产业是指以经营金融商品和服务为手段，追求利润为目标，市场运作为基础的金融组织体系及运行机制的总称。

“金融工具论”认为：计划经济体制下，金融是计划工具；市场经济条件下，则是宏观调控手段。工具论强调了金融的功能，却忽视了其作用的主动性和先导性。

“金融媒介论”的金融概念，则认为金融是媒介，是经济运行的虚拟系统，同样是注重了功能，却忽视了金融自身的独立性。

“金融”的不同定义，实际上是具有不同历史背景的金融现实，是在不同视角和目的下的思维写照。其本质都是信用交易制度化的产物，是由不同的产权主体，在信任和约束基础上，通过信用工具，将分散的资金集中有偿使用，以实现“规模经济”的信用交易活动以及组织这些活动的制度所构成的经济系统及其运动形式的总称。

金融的特征有以下三点。第一点，金融是一种信用交易。经济学上的信用，是一种商品交易的形式，对应于现货交易，也就是一手交钱，一手交货。信用是金融的基础，金融最能体现信用的原则与特性。在发达的商品经济中，信用已与货币流通融为一体。信用交易的特点是有一方以对方偿还为条件，向对方先行转移商品（包括货币）的所有权，或者部分权能；一方对商品所有权或其权能的先行转移与另一方的相对偿还之间，存在一定的时间差；先行交付的一方需要承担一定的信用风险，信用交易的发生是基于给予对方信任。第二点，金融原则上必须以货币为对象。第三点，金融交易可以发生在各种经济成分之间。

简单来说，金融学就是研究“钱”的一门学科：首先，这些钱都是属于谁的；其次，有人需要钱的时候怎么借到钱；再次，借出去的钱用什么方法还，怎么能保证还，到底还多少；最后，在这个过程中，钱跟钱、人与人、机构和机构之间的种种关系。需要注意的是，金融不包括实物借贷而专指货币资金的融通（狭义金融）。所有牵扯实物的问题，比如多少钱接手那个蛋糕店合适，做出来蛋糕要多少钱卖获利最大之类的，是经济学所研究的问题。在金融学里，只有“钱”，无穷无尽的钱，各式各样的钱。

第四节 货币制度是如何演变的

小时候在农村长大，那时候还没现在这么“摩登”，我家的祖屋（现在早没了）是名副其实的大青砖垒的，瓦缝里还真长着狗尾巴草，后墙上大片的苔藓，屋檐下面还有个燕子窝。奶奶还有自己存起来的铜钱，我们的方言叫它“爬钱”，后来，这些铜钱全被我拿来做成毽子踢飞了。根据我不靠谱的记忆，钱上好像都有“××通宝”的字样，难道当年我踢飞了我们家不多的几笔遗产吗？

但实际上我之所以会把那些“爬钱”踢飞，当然是因为那些钱已经不能当做钱用了，如果没有收藏和历史的意义，那么那些“爬钱”就是废铜烂铁了。这就牵扯到一个非常有意思的话题，那就是货币的演变历史和配套的货币制度的更换。

货币是用什么材料来制作的？是用贝壳还是铜铁？金银还是纸张？货币材料是在经济社会发展中自然产生的，但国家要对此从法律上给予肯定和保护。古代的金、银、铜币、交子，现代用的纸币等都采用了不同的材质，但这并不影响货币满足社会经济发展需求以及方便商品交换的功能。因此，货币的材质不重要，重要的是要看社会经济发展的状况达到什么阶段了，以及能否得到大家的认可，也就是货币的信用能否被接受。

实物货币是最早的货币。这是由普通商品充当的，基本保持原有形态，且在交易过程中不固定地充当交易媒介的货币。古代欧洲以牛为货币，其他地区也有以盐、烟草等为货币的。中国很多跟财富有关系的字都有“贝”字旁，就是因为咱们最早的实物货币是贝壳。

接着我们的货币就进入了“金属时代”，青铜、铁器的冶炼改变了人们的生活，货币也进入了以金、银为基准的金银本位的时代。金属货币因为其价值比较高，不易磨损，易于分割，统治货币制度很长时间。实物货币与金属货币统称为商品货币，因为它们既可以作为货币使用，也可以作为商品使用。

最早的金属货币是金属条块形状，是一条条、一块块的。由于金属条块每次交易时都要鉴别真伪、测量成色、进行分割，非常不方便，所以铸币就出现了。在我国秦朝以前，铸币的形态五花八门，并不都是圆形方孔的。有的形状像一把刀，有的像一把铲，有的像车轮。大约在战国，当时的齐国、燕国、秦国才出现了圆形方孔的铜钱。面对各种各样奇形怪状的铸币，秦始皇在统一中国时没有忘记在公元前221年坚决废除各种货币形态，统一规定为圆形方孔模式。那为什么自秦以后历朝历代的铸币多承袭秦制，是圆形方孔的呢？这其实是蛮有道理的。

古代铸造铜钱一般采用泥范浇铸法，所以钱的边缘比较毛糙，不但不美观，而且时间长了穿钱的绳索容易被割断。只有外形变成圆的，才能较好地解决这两大难题。

要知道，那时候的铜钱是辅币，1000个为一贯。为了方便铸造时的细加工，需要把铜钱穿在一根圆棒上。后来把圆棒改成方棒，在铜钱当中开方孔，就能保证加工时铜钱不会乱转，这样就几十、上百倍地提高了锉磨效率。而且圆形的货币与其他形状（如正方形、长方形、椭圆形）货币相比，不容易刺破衣服、损坏运输工具。圆形中的方孔虽然不大，却能节省1/4的铜料，这在古代来说非常重要。更不用说这样的方孔便于用绳串在一起，既便于计数，也便于运输；方孔的位置便于钱币上的文字定位，便于人们辨别钱币的真假。

说起来我国也是世界上最早使用铸币的国家，至今已有三千多年历史了，历朝历代对钱的称呼也很多，以下摘录一些有趣的内容跟大家分享一下。

泉。泉在战国时期与“钱”近音，直到现在，集币迷们仍然以泉友相称，钱学家也被称为泉学家。

邓通。邓通是一个人，曾被汉文帝破例允许开矿铸钱，此时的货币因此而得名。

货泉。王莽称帝后十分嫉恶“刘”字（因为他篡夺的是刘姓的江山），而刘的繁体字“劉”正好是由“卯、金、刀”三个字组成的，而钱的繁体字“錢”中又恰好有“金、刀”两个字，于是他下令称钱为货泉。

白水真人。刘秀建立东汉政权后，对王莽所定的“货泉”十分欣赏，究其原因在于其中的“泉”字可以分拆成“白”“水”两个字，而他当初起兵的地方正好是白水乡，所以他干脆把钱改称为白水真人。

阿堵物。南北朝名士王夷甫为人清高，从来不提钱字，而是把它称之为“阿堵物”。阿堵是当时的一种口语，意思是“这、这个”。

青蚨。据《搜神记》介绍，青蚨这种虫子产子后会“飞去复飞来”，所以，把钱称之为青蚨，多少寄托了希望它“久用不减”的心愿。

上清童子。唐代《博异志》中提到与一位名叫上清五铢的童子一番对话后拣到一枚五铢钱的故事，以此表示钱就是上清童子的化身。

没奈何。宋朝张循王家里非常富有，他把每1000两白银熔成一个大球，称之为“没奈何”，意思是说连窃贼也对它无可奈何，绝对不可能以一己之力把这个大球搬走。

所有货币名称中，流传最广的是“孔方兄”。孔方是对货币形状的一种描述，因为它们的四周是圆的，圆的内孔却是方形的。这个典故出自晋惠帝元康年间，那时候社会非常功利，处处唯利是图。于是文学家鲁褒专门写了一篇讥讽世风的文章叫《钱神论》，其中有“亲之如兄，字曰孔方”一句。文章广为传颂，孔方兄就成了钱的同义语。

金属货币尽管有种种优点，却也有缺点，贵金属大多很重，存储携带均不便，大宗交易尤甚，于是后来就发展出来代用货币作为经济活动中金银货币的代用品，代用货币通常是由政府或银行发行代替金属货币流通使用的纸币。这种代用货币事实上是一种可流通的实质货币收据。比如早期的银行券就是由银行发行的，可兑现的纸币，以金、银为发行保证，可以随时兑换为金银，这就是贵金属本位的代用货币。

代用货币的进一步发展就是信用货币，只作为信用关系的产物，不再作为金属货币的代表物，不能与金属货币相兑换，是纯粹的货币价值符号。因而它是一种债务型货币，国家把你工作所创造的价值拿走，然后给你纸币作为他亏欠了你多少价值的凭证，这份凭证可以互相交易，所以信用货币必须要以国家信用为担保，才能发挥作用。

第五节 货币供应与货币需求的影响因素

假设你是一位正处于热恋中的小伙子，你很爱你的女朋友。有一天，你们一起逛商场时，你那位漂亮的女朋友看上了一套衣服。这套衣服实在是价格不菲，要3000元！但为了取悦她，你还是决定为她买下这套衣服。可不巧的是，你已经把钱都买了债券和股票。这时，你就遇到了流动性短缺问题。为了不让你的女朋友失望，你有两种办法：第一，卖出部分债券或股票；第二，向亲朋好友借钱。在第一种情况下，卖出债券或股票要缴纳一定的佣金和印花税，如果你应了那句“情场得意、赌场失意”的话，卖出时的价格比买进时的价格低，那么你就要遭受资本损失。在第二种情况下，如果借给你钱的那位朋友不讲义气，乘机宰你一把，要求额外的利息，你又要产生一笔支出了。虽然你的目的达到了，女朋友也很高兴，可是你心里难免会为遭受的非流动性成本而闷闷不乐。

在这样一次教训之后，你学精了。在与女朋友一起逛商场时，为了应付上述突发的货币支出，你决定随身带上6000元现金，足够她买一两套高档服装。但是这6000元在你的钱包里闲置了三个月后，你的女朋友才再次产生购买高档服装的欲望。如果将钱存进银行的年利率为3%，那么在这三个月里你损失了45元利息，你又遭遇了机会成本的问题。钱虽然不多，但也足够你们来回打车的钱。

看来在身上装的现金太少和太多都不好。现金少了，有非流动性成本；现金多了，则有持有货币的机会成本。保留多少现金在身边真是一项需要好好琢磨的经济问题。

货币需求指经济主体（如居民、企业和单位等）能够并愿意持有货币的行为。经济学意义上的需求指的是有效需求，不单纯是一种心理上的欲望，而是一种能力和愿望的统一体。人们之所以对货币有需求，是因为货币是最具方便性、灵活性、流动性的资产，持有货币能满足人们对商品的需求。由于不同国家在经济制度、金融发展水平、文化和社会背景以及所处经济发展阶段的不同，影响货币需求的因素也会有所差别。现阶段影响我国货币需求的因素主要如下：

首先是收入因素。近年来，随着人们收入水平的不断上升，以及经济货币化程度的提高，货币在经济生活中的作用领域不断扩大，使得我国的货币需求不断增加。这是因为在市场经济中，各微观经济主体的收入都是以货币形式获得的，其支出也都要以货币支付。可以这样理解，收入的提高，使得社会财富增多，支出也就会相应扩大，因此就需要更多的货币量来满足商品交易。所以，收入与货币需求呈同方向变动关系。

其次是利率因素。利率的高低决定人们持有货币机会成本的大小，利率越高，持币成本越大，此时人们会减少货币的持有量，而选择购买生息资产以期获得高额利息收益；相反，利率越低，持币成本越小，人们的货币持有量就会增加，而选择减少购买生息资产。可见，利率的变动与货币需求量的变动是反方向的。例如，1988年全国零售物价指数上升18.5%，而当时一年的定期储蓄利率仅为7.2%，实际利率为负的状况导致了人们大量提取存款，抢购商品，货币需求急剧上升。于是政府很快采取物价指数保值的储蓄办法，随后实际利率上升，挤兑抢购的状况很快得到扭转，储蓄余额又开始上升，货币需求回落。

再次是价格因素。货币需求表示在一定价格水平上，人们从事经济活动所需要的货币量。在商品和劳务量既定的条件下，价格越高，用于商品和劳务交易的货币需求也必然增多。因此，价格和货币需求，尤其是交易性货币需求之间，是同方向变动关系。现实生活中，由商品价值或供求关系引起的正常价格变动对货币需求的影响是相对稳定的，而由通货膨胀造成的非正常价格变动对货币需求的影响则极不稳定。新中国成立以后，我国几次通货膨胀期间都曾不同程度地出现了提款抢购、持币待购的行为，造成了这些时期货币需求超常增长。可见，价格因素对货币需求的影响很大。

最后是流动性因素。货币流通速度是指一定时期内货币的转手次数。一定时期的货币总需求就是货币的总流量，而货币总流量为货币平均存量与流通速度的乘积。在用来交易的商品与劳务总量不变的情况下，货币流通速度的加快会减少现实的货币需求量。反之，货币流通速度的减慢则会增加现实的货币需求量。因此，货币流通速度与货币总需求呈反方向变动关系。

为了满足货币需求，自然就需要印钱，这就是货币供应。货币供应量，是指一国在某一时期内为社会经济运转服务的货币存量，它由包括中央银行在内的金融机构供应的存款货币和现金货币两部分构成。

世界各国中央银行货币估计口径不完全一致，但划分的基础依据是一致的，即流动性大小。所谓流动性，是指一种资产能够以一个合理的价格顺利变现的能力。货币的流动性程度不同，在流通中的周转次数就不同，形成的货币购买力及其对整个社会经济活动的影响也不一样。

一般说来，中央银行发行的钞票具有极强的流动性或货币性，随时都可以直接作为流通手段和支付手段进入流通过程，从而影响市场供求关系的变化。商业银行的活期存款，由于可以随时支取、随时签发支票而进入流通，因此其流动性也很强，也是影响市场供求变化的重要因素。有些资产，如定期存款、储蓄存款等，虽然也是购买力的组成部分，但必须转换为现金或活期存款，或提前支取才能进入市场购买商品，因此其流动性相对较差，它们对市场的影响不如现金和活期存款来得迅速。

中央银行对货币供应量的调控机制，也称中央银行金融宏观调控机制，它是指中央银行为控制货币供应量和其他宏观金融变数而掌握的各种货币政策工具，并通过货币政策工具作用于货币政策中介指标，然后再通过货币政策中介指标达到其政策目标和各种重任的完整体系。

无论哪一个国家采取何种社会制度和何种经济管理体制，尽管各国中央银行调控力度和广度有异，但就其调控体系的一般模式而言，有其明显的共性。但必须指出，就这个一般模式而言，还不能区分不同类型中央银行金融宏观调控模式的具体内容和不同特点，甚至同一个国家在不同时期也不一定采用相同模式。

货币供应量的调控机制从大类上划分，可分为直接型、间接型和混合型三种类型。直接型调控模式是指当一个国家对宏观经济采取直接管理体制时，中央银行金融宏观调控就只能是运用指标管理和行政命令的调控形式，通过强制性的指令性计划和行政手段来直接控制现金流通量和银行系统的贷款总量，以此来实现货币政策的最终目标；间接型调控模式是西方资本主义国家从20世纪50年代开始普遍采用的模式。依据我国经济体制改革不断深化的客观要求，经济运行主要由直接控制向间接控制过渡已是历史的必然。间接型调控所依存的经济体制是一种发达的市场经济体制，必须有一个相当规模和发育健全的金融市场，中央银行在运用经济手段进行宏观调控的同时，并不排除在特殊情况下利用行政手段进行直接控制的可能性，能比较好地尊重微观金融主体的自主权，且较好地起到抑制经济波动的缓冲作用。混合型调控模式一般指由直接型向间接型过渡的模式。发展中国家一般采用这种模式。有些国家虽采用市场经济体制，但因其商品经济发展水平低，金融市场不发达，加上财政、外汇赤字和严重的通货膨胀等，还有必要对经济采取一些直接控制手段。

在我国市场经济条件下，金融的宏观调控作用日益明显。作为行使中央银行职能的中国人民银行，其货币政策的最终目的是保持人民币币值的稳定，这一转变意味着，中央银行分析和判断经济、金融运行趋势，调整及实施货币政策的分析指标体系将发生明显转变。为了达到这一目标，人民银行的宏观调控要从总量调控与结构调整并重转向以总量控制为主。所谓控制总量，就是要控制整个银行系统的货币供应量。货币供应量的增长必须与经济增长相适应，以促进国民经济的持续、快速、健康发展。因此，分析某一阶段各个层次的货币供应量是否合理，必须与当时的经济增长幅度相联系，与货币流通速度相联系。通常来讲，衡量货币供应是否均衡的主要标准是物价水平的基本稳定。物价总指数变动较大，则说明货币供求不均衡，反之则说明供求正常。从这个意义上讲，货币供应量亦是一个与普通百姓有关联的经济指数，它的多与少、量与度，既影响国民经济的运行速度，也决定人们手中货币的币值。

第六节　格雷欣法则：货币具有排他性、独占性

格雷欣法则又称“劣币驱逐良币”定律，是指货币流通中，一种货币排斥另一种货币的现象。究其原因在于，货币按其本性来说具有排他性、独占性。也就是说，如果法律规定金、银两种金属同时作为货币，就会与这种排他性、独占性相冲突。因为这时候市场上的每一种商品都有两种价格，一种是按照金币计算的价格，另一种是按照银币计算的价格。随着金、银两种货币之间的比价不断变化，同一种商品的两种价格也会不断变化，从而出现非常混乱的状态，迫使实际价值较高的货币（所谓良币）慢慢退出流通领域、价值较低的货币（所谓劣币）充斥市场。

“劣币驱逐良币”现象最早是由英国的托马斯·格雷欣爵士发现并加以明确表述的。格雷欣是英国著名的金融家、慈善家，格雷欣学院的创建者，英国王室财政顾问和金融代理人。1559年，他根据对当时英国货币流通的考察，上书英国女王伊丽莎白一世，建议收回成色不足的劣币，以防止成色高的良币外流，并重新铸造足值的货币，以维护英国女王的荣誉和英国商人的信誉。格雷欣在建议书中首次使用“劣币驱逐良币”的说法，指出由于劣币与良币按面额等值使用，因此人们往往把良币贮藏起来或运往外国使用。这样就出现市面上所流通的都成为劣币，而把良币驱逐出流通领域的货币现象。这一现象后来就被英国经济学家麦克劳德在著作《经济学纲要》中称之为“格雷欣法则”。

其实早在西汉时期，贾谊就已经提出了类似的理论。汉文帝五年（公元前175年），朝廷减重铸四铢“半两”钱，并恢复允许民间铸钱。大臣贾谊指出：“百姓用钱，郡县不同；或用轻钱，百加若干；或用重钱，平称不受。”“钱法不立”“则市肆异用，钱文大乱”，造成了“奸钱日繁，正钱日亡”的现象。指出了钱币规格成色没有统一的危害，进而提出立“钱法”，确立国家铸造法定钱币的垄断地位，才能消除货币的混乱状态。“奸钱日繁，正钱日亡”这不就是对劣币驱逐良币更精到的表述吗？

回顾人类历史，货币制度的发展大体可以分为两个阶段：金属货币制度和不兑现的信用货币制度阶段。第一代纸币是可兑换的信用货币，其主要的、完善的形式是银行发行的银行券。它是银行的债务凭证，承诺其持有人可随时向发行人兑换所规定的金属货币。所以，这一种纸币叫作可兑换纸币。第二代纸币是由银行券蜕化而成的不可兑换纸币，它通常由中央银行发行，强制通用，本身价值微乎其微，被认为是纯粹的货币符号。

所谓金属货币制度，是指以贵金属作为本位币的货币制度。人们将金属铸造成便于携带和交易，并便于计算的“钱”。由于用贵金属作为本位币材料，所以这种本位币毫无疑问是足值货币，它标明值多少钱就值多少钱，并且可以自由铸造和熔化。“钱”有一个“面值”，或叫“名义价值”，如中国古代的“半两”“五铢”等。这一变化使得铸币内的主要金属含量（如铜铸币内的含铜量）产生了与“面值”不同的可能，如面值“五铢”的铜铸币，实际含铜量可能并不是五铢，人们可能加入了一些其他价值低的金属混合铸造，或者减重铸造，但它仍然作为五铢重的铜币进入了交易流通中。

但是由于价值规律的作用，市场价格高于法定价格的货币就会被人们从流通中“扣留”下来，被收藏、被熔化，或被输出，而实际价值较低的货币则留在流通中执行货币的职能作用。

美国在1792年实行复本位制时，法定金银铸造比价是15：1。但在1795~1833年的39年里，国际市场上金与银的实际价值对比是15.6：1，法国在1803年实行复本位制时规定的铸造比价为15.5：1。在这种国际币制下，银币在美国成了“劣币”而金币成了“良币”。于是，白银从国外（包括法国）大量流入美国，而黄金则从美国大量输往外国（包括法国），美国成了事实上的单银本位制国家。

劣币驱逐良币的根本原因在于市场信息不对称。也就是说，如果所有人都知道“良币”的成色要比“劣币”足，那么，劣币使用者就很难把手里的劣币用出去；至少，也会按照劣币的“实际价值”而不是“法定价值”（面值）进行交易。

最早发现不对称信息理论的是美国加州大学经济学教授乔治·阿克洛夫，他曾经写了一篇开创性论文——《“柠檬”市场》，因为被人看作过于肤浅，而被3家权威经济学刊物拒绝刊登。在英文中，“柠檬”的另一层含义是“次品”。后来该论文发表在哈佛大学的《经济学季刊》上后，立刻引起巨大反响，作者因此而获得2001年诺贝尔经济学奖。

但是格雷欣法则也不会永远有效，相反，随着可兑换纸币和贵金属货币的发展，格雷欣法则虽然仍在发挥作用，但其风险增大，而且当其作用发挥到极端的时候，就会走向另一个对立面，造成格雷欣法则失效，促使卖方从消极拒收转为主动拒收。

英国经济学家马歇尔在其代表作《货币、信用与商业》一书中写道："可兑换的纸币——即肯定可以随时兑换成金币（或其他本位硬币）的纸币——对全国物价水平的影响，几乎和面值相等的本位硬币一样。当然，哪怕对这种纸币十足地兑换成本位硬币的能力稍有怀疑，人们就会对它存有戒心；如果它不再十足兑现，则其价值就将跌到表面上它所代表的黄金（或白银）的数量以下。"显然，硬币是良币，可兑换纸币是劣币。在正常情况下，两者完全一样，但当纸币兑换成硬币发生困难时，其名义价值就会贬值，严重时就会发生挤兑。这时纸币就会被卖方拒收，流通遇到困难，从而迫使其持有人不得不涌向发行银行要求兑换硬币。这种情况，实际上是在宣告格雷欣法则的失效，即已经不是作为劣币的纸币代替硬币，而是相反，人们将持有硬币以代替纸币。

第二次世界大战以后，在布雷顿森林会议确立的国际货币体系下，美元与黄金挂钩，规定黄金官价为每盎司35美元。美元以黄金做后盾，开始顺利地在全球流通。但随着美国大量输出"廉价美元"，从而使国际货币市场上的美元由"美元荒"转变为美元过剩，其他国家在同美国做生意时，就渐渐愿意接受黄金而不愿意接受美元。各国政府和中央银行也纷纷向美国要求以美元兑换黄金。纸币形式的美元被拒收而且各国向美国以美元挤兑黄金，最终迫使美国宣布停止以官价兑换黄金，导致布雷顿森林体系的崩溃。

20世纪70年代初，布雷顿森林体系崩溃后，在牙买加体系下，黄金被非货币化，世界各国的货币都蜕化成第二代的不可兑换纸币。那么，两种纸币的良劣如何区分呢？金属货币的良劣很容易区分，成色高的金属货币即为良币，成色低的金属货币即为劣币。而两种纸币都是货币符号，从而无法比较其实际价值。但是由于纸币购买商品所具有的实际购买力并不相同，人们会根据纸币所购得商品的多寡或外汇汇率的高低，判断出它们的良劣。例如，美元与港元相比，美元是良币，港元是劣币；人民币与卢布相比，人民币是良币，卢布则是劣币。当几种不可兑换纸币在同一市场流通时，会发生格雷欣法则的逆反现象，即出现“良币驱逐劣币”的货币现象。有很多例子可以证明这一点。

20世纪90年代初苏联解体，卢布曾三次扩大面值，造成了严重的通货膨胀，从原来的约0.65卢布兑1美元贬值到5000卢布兑1美元。因此，在中国与俄罗斯的边境贸易中，双方商贩均乐意用人民币而不接受卢布。在这里，人民币是良币，卢布是劣币，显然也是“良币驱逐劣币”的现象。

这样一来，我们就会发现，格雷欣法则并非只包含“劣币驱逐良币”的含义。该法则的全过程应当包括三个历史阶段，即：劣币驱逐良币阶段→格雷欣法则失效的混乱阶段→良币驱逐劣币阶段。在这些阶段中，买卖双方行为的主动性也有相应的转变，即：使用硬币→使用硬币与可兑换纸币→使用不可兑换纸币；与其相对应，使用货币者的行为也逐步转变，即：买方主动用劣币购物→买方继续用劣币购物但卖方开始消极拒收→卖方主动要求接受良币而拒收劣币。因此，良币驱逐劣币只是“劣币驱逐良币”在新经济条件下的新的表现形式，是同一定律的正反两面。

第二章

尽早学习如何理财，实现你的财富自由

第一节　72法则：掌握让本金翻倍的规律

家里有余钱了，究竟是存银行还是炒股票呢？相信这是许多人考虑过，甚至苦恼过的问题，有的人甚至还因此引发过家庭纠纷。那么，究竟如何来看待这个问题呢？本书认为，这需要从金融学中的“72法则”出发，视经济周期而定。

所谓“72法则”，也叫“复利的72法则”，是指将72除以年平均投资收益率，这样就知道在目前的银行储蓄或投资回报率条件下需要多少年才能把你目前的本金翻一番。换句话说，你把1元钱的本金变成2元钱需要多少年。

72法则认为，如果以1%的年复利率来计算，经过72年后你的本金就会增长1倍。这个公式的最大好处是计算起来非常简单。

例如，如果年复利率是5%，则翻一番的时间是72÷5=14.4（年）；如果年复利率是10%，则翻一番的时间是72÷10=7.2（年）；如果年复利率是15%，则翻一番的时间是4.8年；如果年复利率是20%，则翻一番的时间是3.6年；以此类推。

随着年复利率不断增加，财富翻番所需要的时间会迅速缩短。这就是股市投资与银行储蓄在财富积累过程中的最大区别——股市投资在保证投资安全的前提下，只要其投资回报率高于银行储蓄利率，投资者从中得到的财富增值速度就会非常快。

以2009全球首富沃伦·巴菲特为例。他1965年接手伯克希尔·哈撒韦公司，40多年来，股市投资回报率年平均只有20%左右，伯克希尔·哈撒韦公司的股票价格就从当年的每股19.46美元增长到2008年年末的每股9.66

万美元，增长了4963倍。沃伦·巴菲特也因此成为全球首富，2008年年末其个人财富高达359亿美元。

要知道，巴菲特是在面对2008年席卷全球的金融海啸实在无处可逃、伯克希尔·哈撒韦公司当年股价下跌32%（30年来的最差业绩）的背景下取得的这一业绩。不过，伯克希尔·哈撒韦公司当年股价下跌幅度虽然如此之大，仍然低于标准·普尔500指数38%的跌幅。

千万不要小看了20%左右的年复利率。它乍一看“并不高”，甚至也不比美国30年长期国债利率高多少。但72法则告诉我们，对于年复利率来讲，哪怕只要高出那么一点点，最终结果就会有天壤之别。这正应了中国的一句古话：“差之毫厘，谬以千里。”

那么，72法则与存钱还是炒股票要看经济周期又有什么关系呢？原来，当经济周期循环到经济发展速度较快的阶段时，银行利率也会相对较高，这时候通过72法则计算得到的财富翻番的时间也就较短。

虽然这一数据一开始可能相差不大，但如果以这样的速度保持下去，你就会发现到后来会有非常大的差距。投资学理论告诉我们，从长期来看，股市投资的平均收益率要比银行利率高出许多倍。

经济周期循环对股票市场的影响是持久的，它的主要表现是会形成经济发展的上升趋势或下降趋势。

有钱是存银行还是炒股票，有相当一部分原因在于投资者对当时的经济环境是处于经济上升期还是经济衰退期的认识和判断。对于同一经济时期来说，不同的投资者会有不同的认识，从而导致不同的预期。

一般来说，在经济即将出现衰退时，股票市场会首先反映出经济衰退症状来，表现在股价上，就是股票价格的下跌；而当经济即将出现复苏时，股票市场也会首先反映出上扬态势来，表现在股价上就是股票价格的止跌企稳。请记住，在影响股市发展的各项因素中，经济周期是最重要的因素。

在金融学上，以上这种影响因素称为系统性风险。系统性风险中包含经济周期循环因素、政府宏观政策影响的因素，它左右着整个股市中所有股票价格的运行趋势，不受个别上市公司经营状况的支配。

也就是说，这时候的股市大盘是齐跌共涨的。当股市上涨时，绝大多数股票的价格都在上扬，无论上市公司的经营情况是好是坏，不同的只是上涨幅度的大小而已；相反，当股市下跌时，绝大多数股票的价格都是在下跌的，经营业绩不佳的公司股价在下跌，经营业绩良好的公司股价也在下跌，只不过下跌的幅度大小有所不同罢了。

股市投资的一条规律是，股价涨跌的预期效果会使得股票价格的实际上升和下跌富有想象力，从而一波波推动股票价格的上涨高点和下跌低点远远脱离其内在价值。在这种巨幅波动中，投资者如果能正确把握好节奏，就能获得巨大的短期差价收益，大大缩短本金回收周期。

值得一提的是，72法则既可以用来计算财富增值，也可以用来计算财富贬值。

例如，如果通货膨胀率是3%，那么财富贬值一半的时间是72÷3=24（年）；如果通货膨胀率是6%，财富贬值一半的时间是72÷6=12（年）；如果通货膨胀率是9%，财富贬值一半只需要8年。也就是说，8年后的2元钱只能买到现在1元钱买到的东西。

第二节　马太效应，贫者越贫，富者越富

所谓马太效应，是指好的越来越好、坏的越来越坏，多的越来越多、少的越来越少，富的越来越富、穷的越来越穷等“越来越”现象。

马太效应的故事起源于《圣经》。一位国王在远行之前交给3个仆人每人10锭银子，吩咐他们去做生意，等他回来时大家再来见他。国王回来

后，第一个仆人报告说，他用这10锭银子做本钱，又赚了10锭银子回来。国王听后很高兴，于是奖给他10座城邑。第二个仆人报告说，他用国王交给他的10锭银子做本钱赚了5锭银子。于是国王又奖励给了他5锭银子。第三个仆人报告说，国王交给他10锭银子后，他也想做生意，可是总怕做生意亏本而不好向国王交代，放在外面又怕弄丢了，所以一直包在手巾里好好保管着。结果国王命令他把银子全部交给第一个仆人，并且对大家说："凡有的，还要加给他，叫他多余；没有的，连他所有的也要夺过来。"

1968年，美国科学史研究专家罗伯特·莫顿最早用马太效应来概括这样一种社会心理现象："相对于那些不知名的研究者，声名显赫的科学家通常得到更多的声望，即使他们的成就是相似的。同样地，在同一个项目上，声誉通常给予那些已经出名的研究者，例如一个奖项总是授予最资深的研究者，即使所有工作都是一个研究生完成的。"后来，这个术语慢慢被经济及金融领域所借用，用来形容贫者越贫、富者越富。

那么，马太效应在个人投资领域又如何来应用呢？简简单单一句话，就是要尽快让财富增值，然后保持一定的财富增值速度，利用马太效应让富者更富。

例如，2007年10月10日发布的胡润版年度中国富豪榜表明，当年的中国100位富豪中有74位拥有上市公司，尤其是排在前几位的富豪几乎都拥有上市公司。由此胡润断言，今后能够批量生产富豪的领域必将是股市。

当然，马太效应不仅仅体现在资本市场上，也同样体现在资本市场与实体经济形成良性互动的关系上，从而造成强者恒强的新的财富分配格局。这方面比较典型的是，白手起家的女富豪玖龙纸业董事长张茵2007年财富增长了285%，也正是资本市场低廉而高效的融资成本推动了玖龙纸业快速发展的结果。

现实生活中经常可以看到这样的例子：有人依靠自己的勤奋努力或者

碰运气，获得了一笔巨额财富。如果把这笔财富用于投资，本来是可以以较快速度增值的，可是他却像上述第三个仆人一样，因为害怕损失而只是存在银行里获取那一点点微薄的利息。虽然从绝对值看，这笔财富的利息也是在不断增值的，可是与物价上涨速度相比却永远也“跑”不过前者。也就是说，它的名义利率是正值，实际利率却是负值。若干年后，马太效应会让这两者立见分晓。

举一个最简单的例子来说，10年前如果你有100万元人民币，可以在北京市的三环买到两套三居室住宅；可是如果你一直把它存在银行里拿利息，10年后的今天，连本带利也只够付其中一套的首付款了。

我国有句古话叫“富不过三代”，撇开通常的理解，还可以把它解释为：如果你有再多的财富，一直存在银行里也会“富不过三代”的。

不要说那些政治动荡、饱经战争创伤的国家了，就以政治经济稳定、没有巨大社会动荡的老牌资本主义国家美国和英国来说，美国在过去的60年里通货膨胀率累计高达10倍，英国的这个数字是40倍。换句话说，如果你生活在美国，60年前你的老祖宗留给你100万美元，放到现在购买力也只相当于那时的10万美元；如果你生活在英国就更惨了，这100万美元现在的购买力只相当于那时的2.5万美元！

这还算好。因为它表明，在60年间，这三代人都像上述第三个仆人一样，小心翼翼地把钱存进银行了；万一这三代人中有一个是挥霍无度的纨绔子弟，那就很可能是一分不剩甚至负债累累了。

以巴菲特为例，60年前的他个人财富大约为1万美元，如果按照上述比例进行推算，他把这笔钱一直存在银行里，现在的价值最多只有10多万美元。正是因为他将之投入资本市场，并以此为基础在资本市场精耕细作，才使其个人财富在2008年年末增长到了359亿美元，登上全球首富宝座。当然，巴菲特的巨额财富，也不是全靠当年的1万美元滚动而来。但是，那1万美元，也显然获得了巨大的增值。

个人投资是这样，企业经营也是如此。根据马太效应法则，如果企业要想在某个领域持续保持竞争优势，那么就要努力成为这个行业的龙头企业。因为行业龙头企业更容易使得自己通过品牌、规模、成本、垄断地位、产品和服务差异性等优势，在各方面取得更大成功，更容易取得高回报率，更便于为股东带来更大的权益资本收益率，这就是沃伦·巴菲特经常说的“经济护城河”。

相反，如果企业总是在竞争中处于弱势地位，连行业平均利润率、平均投资回报率也达不到，那么在经济繁荣时期还可以混口饭吃，一旦遇到经济不景气时就会入不敷出，难逃巨额亏损甚至破产的结局。

推而广之，即使投资者个人没有自己的企业也没有经营企业，只要他懂得把资金投入到这类具有“经济护城河”性质的龙头企业里，也照样能从中分一杯羹，利用马太效应法则让自己的财富得到尽快增值。即使遇到经济萧条，也会有惊无险。因为经济萧条是宏观环境造成的。经济萧条时，那些处于竞争弱势的企业早就困难重重，而对于龙头企业来讲，虽然也会降低盈利水平，却依然是有利可图的。

更不用说，这些企业在经济景气时已经积累起了一定的发展后劲，有助于它们渡过难关。当困难企业无法正常运转、慢慢失去市场份额时，龙头企业正可以以较低的代价扩展市场份额、储备人才、技术和原材料。一旦经济重新景气，厚积薄发的它们会比过去更优秀，这也是马太效应的一种展现。

许多家庭有了闲钱不知道怎么用，又不知道将来什么时候需要用钱，所以最通常的做法是把钱存在银行里。多数人一般是先存一个定期，如果需要提前用钱时再临时把它转为活期存款，结果往往是几乎拿不到什么利息，至多是聊胜于无。

根据马太效应，要让这部分闲钱尽快提高投资效益，比较理想的方法是购买货币型基金，它的最大特点是“活期便利、定期收益”。

例如，就“活期便利”而言，投资者如果要赎回货币基金，款项到账时间可以按照“T+2”规则来计算。具体是，赎回申请成功后，款项会在“T+l”日从基金托管账户中划出来，然后在“T+2”日从销售机构划到投资者账户里去。与其他基金需要一个星期才能到账相比，这已经非常快捷了，接近活期存款的流动性。

货币性基金的投资期限长短，完全取决于资金对流动性的要求，但是时间又不能太短。具体来说，如果你随时随地需要用资金，资金闲置期限又不确定，这时候就最适合购买货币型基金了。

对于每月需要安排资金用于固定用途，如按月归还购房贷款、购车贷款等的投资者来说，还可以申请开通每月自动赎回业务。这样，投资者不用经常惦记着归还贷款，又不必让大笔资金“躺”在银行活期账户上，而可以利用马太效应最大限度地创造收益。

应当注意的是，如果资金闲置期限只有一两天，这时候就不适合申购货币型基金了。因为它的申购、赎回、确认、到账过程至少也需要4天。如果资金闲置时间在2个月以上，这时候虽然也可以购买货币型基金，可是由于这种资金流动性不强，所以这时候购买银行其他短期固定期限的理财产品，收益率会更高。

第三节　找到最为合理的资产配置方式

在考虑如何储蓄时，我们应当首先考虑它的方便与适用，在此基础上，再考虑怎么去获得更多利息。为此，我们需要考虑如何更合理地配置存款，其实储蓄也是有很多窍门的。

储户朋友在进行存储时，应合理选择存款期限，正确确定储蓄种类，如果能存定期一年或三年储蓄存款，就选择一年或三年定期储种，不要本来能存定期一年或三年定期储蓄存款，而存成了半年储蓄存款或定活两年储蓄存款，甚至是活期储蓄存款。这样一来，储蓄存款在一年或三年到期后，储蓄存款的利息就会相差很远。此外，定期储蓄存款提前支取或逾期支取都按现行活期利率计算利息。因此，在选择储蓄存款期限时，一定要合理选择，既不要太长，也不要太短，如果选择错了储种就会大大减少利息收入。

下面四种方法，供您参考。

阶梯存储法：以10万元为例，4万元存活期，便于随时支取；另外6万元分别存1年期、2年期、3年期定期储蓄各2万元。1年后，将到期的2万元再存3年期，以此类推，3年后持有的存单则全部为3年期，只是到期的年限不同，依次相差1年。阶梯存储使储蓄到期额保持等量平衡，既能应对储蓄对利率的调整，又可获取3年期存款的较高利息。

分开存储法：现在很多人都因贪图定期储蓄存单越少，越方便保管，在投资定期储蓄存款时喜欢把存款存成大存单。其实，这种做法不利于理财，很容易损失利息。如自己一旦遇到急事，即使再小的金额，也需要动用大存单，这样一来就损失了不应该损失的利息。为避免这种不必要的损失，在银行投资定期储蓄存款时，尽量把储蓄存款的金额巧妙排开，如有10万元，不妨呈金字塔形排开，存上4张存单，1万元、2万元、3万元、4万元各一张。如此，无论自己提前支取多少金额，利息损失都会降到最低。

12存单法：即每个月固定存1张一年期的存单，12个月就有12张存单，一年后每个月都有1张存单到期，既保证固定利率，又可满足家庭灵活开支，如果存单到期不用可继续滚存，这样不但享受比活期高的利率，还可拥有及时调整投资方向的余地。

组合存储法：组合存储是一种存本取息与零存整取相结合的储蓄方法。先存为存本取息储蓄，1个月后取出利息，再存为零存整取储蓄，以后每月照此办理。比如你现在有5万元，可先存入存本取息储蓄户，一个月后，取出第一个月利息，再开一个零存整取储蓄户，然后将每个月利息收入零存整取账户中。这样，不仅可以得到存本取息的利息，而且其利息在存入零存整取账户后又获得了利息。如果只存活期，宜半年去银行做一次结息，然后本息再存，因为6月30日是活期存款账户的结算日，适时取息再存，可收到滚存利息的收益。不仅如此，现在各大银行都提供形形色色的储蓄服务，大家应学会善用银行提供的各种服务来提高自己的储蓄收益。

约定续（转）存：如果人们在定期存款到期后不去银行进行储蓄存款转存，储蓄存款超期后，银行就会按活期利率计算利息，如此，就会损失不少利息收入，如果存款金额更大一些、逾期时间更长的话，蒙受的利息损失就会更大。为此，为避免这些不必要的损失，人们在存定期储蓄存款时，要多采用与银行约定“自动续（转）存”的方法，银行对自动续（转）存的储蓄存款以转存日的利率为计息依据，转存时，都会把原来储蓄存款的本和利都按约定续（转）成定期储蓄存款。这样既可避免到期后忘记转存而造成不必要的利息损失，又能为人们省去许多去银行进行转存奔波的辛苦。如果是遇到降息，自动续（转）存方式也可保证定期储蓄存款到期后储户的利益。一旦及时给予了自动（续）转存，而该笔储蓄存款又期限较长、金额又较大，就会为储户带来非常可观的收益。另外，即使是活期储蓄，也可以约定转存。比如，你手上有笔闲钱，短期内不会使用，但不确定何时会用，你就可以和银行约定转存，如果不用，钱就会被转成定期而享有较高的利息，这种“约定转存”业务最大的好处是，在不影响客户使用资金的前提下，让效益最大化。如果你的备用金额减少了，约定转存的资金会根据“后进先出”的原则自动填补过来。

部分提前支取功能：任何人过日子都会遇到急用钱的时候，而在此时多数人家持有的定期储蓄存单一般都不可能正好到期。这时，这些人往往只好把自己的定期储蓄存单提前支取，以解燃眉之急。但提前支取，方法不同，利息损失也就会不同，所以在提前支取时考虑如何支取很重要。

现在多数银行都推出了定期储蓄存款部分提前支取业务。因此，为减少利息损失，在进行提前支取时最好采用这种支取方式。目前银行对定期存款可办理“部分提前支取”的业务，即客户把钱先存成定期，用时取出一部分，取出的部分按活期计息，其余的钱仍按照定期存款利率计息。比如，客户手中有1万元钱，存了一年定期，若中途急用5000元，则这1万元的利息分成两部分，一部分为5000元的半年活期利息，即5000×0.72%的一半，共18元；一部分为5000元的一年定期利息，即5000×4.14%=207元，总计225元。这样算下来，要比存活期多出153元。

通知存款：与约定转存不同，通知存款是一种期间较短，存取比较方便的存款方式，通常分为“1天通知存款”和“7天通知存款”，它们的存款利率都高于活期存款。众所周知，活期存款在支取上最方便，想什么时候存取就什么时候存取，金额不限。而通知存款不同，客户必须与银行提前约定好取款日期，起存额为5万元。比如，你选择的是“1天通知存款”，那么你在支取这笔存款时就要提前1天向银行申请，否则就只能按照活期利率计息。如果投资者购买的是7天通知存款，若投资者在向银行发出支取通知后，未满7天即前往支取，则支取金额的利息按照活期存款利率计算。此外，办理通知手续后逾期支取的，支取部分也要按活期存款利率计息；支取金额不足或超过约定金额的，不足或超过部分按活期存款利率计息；支取金额不足最低支取金额的，按活期存款利率计息；办理通知手续而不支取或在通知期限内取消通知的，通知期限内不计息。关键是存款的支取时间、方式和金额都要与事先的约定一致，才能保证预期利息不会遭到损失。

第四节　基金投资：证券投资的另外一种方式

何为基金？说白了，基金就是把你、我、他这些既不懂股票，又没多少身家，还想搭着股市的顺风车挣点钱的小散户们的钱集中在一起，交给专家帮我们投资。假设你有一笔钱想投资债券、股票等进行增值，但自己既没有那么多精力，也没有足够的专业知识，钱也不是很多，于是就会想到与其他几个人合伙出资，雇一个投资高手，操作大家合出的资产进行投资增值。但在这里面，如果每个投资人都与投资高手随时交涉，那将十分麻烦，于是就推举其中一个最懂行的人牵头办理这件事，并定期从大伙合出的资产中抽取提成作为付给投资高手的劳务费报酬。当然，牵头人出力张罗大大小小的事，包括挨家跑腿，随时与投资高手沟通，定期向大伙公布投资盈亏情况等，也不是白忙活，提成中也包括他的劳务费。

上面这种运作方式就叫作合伙投资。如果这种合伙投资的活动经过国家证券行业管理部门（在我国是中国证券监督管理委员会）的审批，允许这项活动的牵头操作人向社会公开招募投资者一起联合出资，这就是发行公募基金，也就是大家现在常见的证券投资基金。

证券投资基金是一种利益共存、风险共担的集合证券投资方式，即通过发行基金份额，集中投资者的资金，由基金托管人托管，由基金管理人管理和运用资金，从事股票、债券等金融工具投资，并将投资收益按基金投资者的投资比例进行分配的一种间接投资方式。

为了保证投资者的资产安全，避免资金被基金管理公司擅自挪用，中国证监会规定，基金的资产不能放在基金公司手里，基金公司和基金经理只负责交易操作，不能碰钱，记账管钱的事要找一个既擅长此事，信用又高的角色负责，这个角色当然非银行莫属。于是这些资产就放在银行，建立一个专门账户，由银行管账、记账，称为基金托管。当然，银行的劳务费也得从这些资产中按比例抽取，按年支付。所以，基金资产的风险主要来自投资高手的操作失误，而因基金资产被擅自挪用造成投资者资金损失的可能性很小。从法律角度说，即使基金管理公司倒闭甚至托管银行出事了，向它们追债的人也无权挪走基金专户的资产，因此基金资产的安全是很有保障的。

虽然证券投资基金在我国发展的时间并不是很长，但其发展速度非常惊人，种类也极为丰富。按照不同的分类标准，可以将证券投资基金划分为不同的种类，大家进行基金投资的时候可以参考选择适合自己的基金类型。

1.封闭式基金和开放式基金

根据基金规模和基金存续期限的可变性可将基金划分为开放式基金和封闭式基金。封闭式基金是指事先确定发行总额，在封闭期内基金单位总数不变，基金上市后投资者可以通过证券市场转让、买卖基金单位的一种基金。

开放式基金是指基金发行总额不固定，基金单位总数随时增减，投资者可以按基金的报价在规定的营业场所，根据法律法规及基金契约等约定的程序和内容，申购或者赎回基金单位的一种基金。

封闭式基金与开放式基金的区别：

（1）基金规模和存续期限的可变性不同。封闭式基金规模是固定不变的，并有明确的存续期限；开放式基金发行的基金单位是可赎回的，而且投资者可随时申购基金单位，所以基金的规模和存续期限是变化的。

（2）影响基金价格的主要因素不同。封闭式基金单位的价格会更多地受到市场供求关系的影响，价格波动较大；开放式基金的基金单位的买卖价格是以基金单位对应的资产净值为基础，不会出现折价现象。

（3）收益与风险不同。由于封闭式基金的收益主要来源于二级市场的买卖差价和基金年底的分红，其风险也就来自二级市场以及基金管理人的风险；开放式基金的收益则主要来自赎回价与申购价之间的差价，其风险仅为基金管理人能力的风险。

（4）对管理人的要求和投资策略不同。封闭式基金条件下，管理人没有随时要求赎回的压力，基金管理人可以实行长期的投资策略；开放式基金因为可随时申购，因此必须保留一部分资金，以便应付投资者的随时赎回，进行长期投资会受到一定限制。另外，开放式基金的投资组合等信息披露的要求也比较高。

2.股票型基金、债券型基金、货币市场基金、混合型基金

根据基金的投资对象或投资范围可将基金划分为股票型基金、债券型基金和货币市场基金。

（1）股票型基金。股票型基金的投资标的为上市公司股票；主要收益为股票上涨的资本利得；基金净值随投资的股票市价涨跌而变动；风险较债券基金、货币市场基金更高，相对可期望的报酬也较高。

（2）债券型基金。债券型基金的投资标的为债券，以利息收入为主要收益来源，利率的变化以及债券市场价格的波动，也影响整体的基金投资回报率。通常预期市场的利率将下跌时，债券市场的价格便会上扬；而利率上涨时，债券的价格则下跌。所以，债券型基金并不是稳赚不赔的，仍然有风险存在。

（3）货币市场基金。货币市场基金的投资标的为流动性极佳的货币市场商品，如一年期内的存款、国债、回购等，赚取相当于大额金融交易才能享有的较高收益。

（4）混合型基金。顾名思义，混合型基金即以上三种基金的混合。投资者通过混合型基金能实现投资的多元化，其回报低于股票型基金，但高于债券型和货币市场基金。

3.公募基金和私募基金

根据基金的募集方式可将基金划分为公募基金和私募基金。公募基金是受政府主管部门监管的，向不特定投资者公开发行受益凭证的证券投资基金，这些基金在法律的严格监管下，有着信息披露，利润分配，运行限

制等行业规范。公募基金可以在银行网点、证券公司网点以及各种基金营销机构进行销售，可以大做广告，并且在各种交易行情中可以看到其价格信息。

私募基金则是一种非公开宣传的，私下向特定投资人募集资金进行的一种集合投资。它不能面向公众发行。由于国内关于私募基金的立法不够完备，因此一般以投资公司、投资管理公司、投资咨询公司、资产管理公司等身份存在。其操作方法比公募基金灵活一些，一般收益比较高，但风险也比较大。

私募基金与公募基金比较，现阶段最大的不同是，私募基金是不受基金法律保护的，只受到民法、合同法等一般的经济和民事法律保护。也就是说，证监会是不会来保护私募基金投资者的，出了问题得由当事人双方自己解决，或者上法院起诉，或者私下和解。

4.公司型基金和契约型基金

根据基金的组织形式可将基金划分为公司型基金和契约型基金。

公司型基金依公司法成立，通过发行基金股份将集中起来的资金投资于各种有价证券。公司型基金在组织形式上与股份有限公司类似，基金公司资产为投资者（股东）所有，由股东选举董事会，由董事会选聘基金管理人，基金管理人负责管理基金业务。公司型基金的设立要在工商管理部门和证券监管部门注册，同时还要在股票发行的交易所在地登记。公司型基金的组织结构主要有以下几个当事人：基金股东、基金公司、投资顾问或基金管理人、基金保管人、基金转换代理人、基金主承销商。

契约型基金，也称为信托型投资基金，它是依据信托契约通过发行受益凭证而设立的投资基金。该类基金一般由基金管理人、基金托管人及投资者三方当事人订立信托契约。基金管理人可以作为基金的发起人，通过发行受益凭证将资金筹集起来组成信托财产，并依据信托契约，由基金托管人负责保管信托财产，具体办理证券、现金管理及有关的代理业务等；

投资者也是受益凭证的持有人，通过购买受益凭证，参与基金投资，享有投资收益。基金发行的受益凭证表明投资者对投资基金所享有的权益。

5.特殊种类的基金

除了上面介绍的一些分类方法，还有一些比较特殊的基金类型，较常见的有以下几种。

（1）可转换公司债券基金。可转换公司债券基金投资于可转换公司债券。股市低迷时可享有债券的固定利息收入；股市前景较好时，则可依当初约定的转换条件，转换成股票，具备“进可攻、退可守”的特点。

（2）指数型基金。指数型基金根据投资标的——市场指数的采样成分股及比重，来决定基金投资组合中个股的成分和比重。目标是基金净值紧贴指数表现，完全不必考虑投资策略。只要指数成分股变更，基金经理人就跟随变更持股比重。由于做法简单，投资者接受度也高，目前指数化投资是投资者比较青睐的投资方式。

（3）基金中的基金。顾名思义，这类基金的投资标的就是基金，而非股票、债券等，因此又被称为组合基金。基金公司集合客户资金后，再投资自己旗下或别家基金公司目前最有增值潜力的基金，搭配成一个投资组合。

（4）伞形基金。伞形基金的组成，是基金下有一群投资于不同标的的子基金，且各子基金的管理工作均独立进行。只要投资于任何一个子基金，即可任意转换到另一个子基金，不需额外负担费用。

（5）对冲基金。对冲基金的英文名称为Hedge Fund，意为“风险对冲过的基金”。例如，大名鼎鼎的索罗斯创办的“量子基金”就是典型的对冲基金。对冲基金起源于20世纪50年代初的美国，当时的操作宗旨在于利用期货、期权等金融衍生产品以及对相关联的不同股票进行实买空卖、风险对冲的操作技巧，在一定程度上可规避和化解投资风险。早期的对冲基金可以说是一种基于避险保值的保守投资策略的基金管理形式。经过几十年的演变，对冲基金已失去其初始的风险对冲的内涵。对冲基金已成为一种新的投资模式的代名词，即基于最新的投资理论和极其复杂的金融市场操作技巧，充分利用各种金融衍生产品的杠杆效用，承担高风险、追求高收益的投资模式。这类基金给予基金经理人充分授权和资金运用的自由度，基金的表现全靠基金经理的操盘功力，以及对有获利潜能标的物的预见能力。只要是基金经理认为“有利可图”的投资策略皆可运用，如套取长短期利率之间的利差；利用选择权和期货指数在汇市、债市、股市上套利。总之，任何投资策略皆可运用。这类基金风险最高，在国外是专门针对高收入和高风险承受能力的人士或是机构发行的，一般不接受散户投资。

第五节　组合投资：鸡蛋不能放在同一个篮子里

在莎士比亚的《威尼斯商人》中，安东尼奥曾有这样一幕自白：“不，相信我；感谢我的命运，我的买卖的成败并不完全寄托在一艘船上，更不是倚赖着一处地方；我的全部财产，也不会因为这一年的盈亏而受到影响，所以我的货物并不能使我忧愁。”

这里面所讲的就是“组合投资”，它完全可以帮助人们逃避单一投资的风险性。因为到目前为止，世界上还没有一种只赚不赔的投资理论和投资项目。但是我们通过资产配置的方法却能够避免“一损俱损，一荣俱荣”的状况。就像安东尼奥所说的那样——“我的买卖的成败并不完全寄托在一艘船上，更不是倚赖着一处地方”。

在面对不可预知的金融领域的风险时，建立组合投资计划具有非常重要的现实意义。充分地运用好组合投资、合理地分配资源，不仅不会限制你的收益，相反，它通过把风险分散掉，还会间接地提高预期收益。并且，如果你能建立起长期的组合投资计划，那么，你就能把握住资本市场在某个时间点上突然出现的黄金投资时机，从而赢得最终的胜利。

对于单独的投资者来说，他们所希望的是通过投资来实现财富的保值和增值，从而拥有更加美好、富足的人生。但是不可否认的是，单一投资有着不可避免的局限性和风险性。比如国内投资者最钟爱的投资产品——股票，波动性大，风险高，既能把投资者带到金钱的乐土上，又能把投资者送至破产的地狱中。

举个例子来说，房地产投资是公认的抵御通货膨胀的有效武器，在房市火爆的时期，它曾为很多投资者带来过巨额的财富。但是由于它极易受外界因素的影响，流通性也比较差。所以，如果只是单一地把资金都投向它，便很容易引起资金链的断档，导致变现困难。再来看债券，债券产品虽然稳健，但它的收益率往往比较有限，而且只有长期投资才有适当的利润空间。如果投资过度集中在这一产品上，便会导致获利能力的削弱，无形中造成资本的浪费。

而分散投资的好处就在于，通过将资金分布在不同的领域、地域，让不同投资产品相互弥补各自的缺陷，从而保障整个投资组合的低风险、稳收益。因此，对一个理性的投资者而言，他的投资组合应当充分考虑到各个产品的特点及互补性，然后再进行资源配置，而不是将鸡蛋统统放在一个篮子里。

一般来说，投资组合按粗略的分类有三种不同的模式：保守型、中庸型和积极型。而决定选用哪一种模式，年龄是很重要的因素。人生的每个阶段都有不同的需要，所以投资组合并不是一成不变的，必须要根据不同的阶段而进行规划。

对于这点，虽然没有什么标准的原则，但总体上可按照“一百减去现在年龄”的公式来计算。举个例子来说，假如你现年是40岁，那么，你至少应将60%的资金投放出去；如果你现年60岁，那么至少要拿出40%的资金进行理财、投资。

在我们的人生中，一般20～30岁时正是奋斗的时候，距离养老退休的日子还远，风险承受能力也最强，所以完全可以采用积极成长型的投资方式。那么，按照“一百减去现在年龄”的公式，你可以将70%～80%的资金拿出来进行理财投资。而这个理财投资绝不是单一式的，最好的办法就是分散开，进行资金配置。例如，20%投资基金，20%投资股票，20%购买债券，其余交给理财公司。

在30～50岁时，是人生压力最大的时候。这期间家庭成员可能增多，承担风险的程度要比上一阶段弱很多。所以最好采用相对保守的投资方式，以本金尽快成长为目标。具体方法可以将资金的50%～60%投在证券方面，剩下的40%投在有固定收益的理财产品上。当然，也要保证留一些现金供家庭日常生活之用。

到50～60岁时，也算是赚钱的好时机，这时你的孩子可能已经成年可以自立，但一定要控制风险，仍然运用“100减去目前年龄”的投资法则，至少将40%的资金投在股票证券方面，60%的资金则投于有固定收益的投资标的上。此种组合的原则就是维持保本功能，并留些现金以供退休前的不时之需。

到了60岁以上，多数投资者在这期间会选择比较安全稳健的投资标的，只将少量的资金投在股票上，以抵御通货膨胀，保证自己的财富不贬值。因此，此阶段投资者可将60%的资金投到固定收益型基金或是债券上，30%购买股票，10%存于银行储蓄。

第六节　黄金投资：较为保值的投资

中国有一句老话：“盛世古董乱世金。”意思是说在太平盛世的时候，理财应该买古董；而在兵荒马乱的时候，应该买黄金。现在自然谈不上兵荒马乱，但自次贷危机之后，世界金融市场震动不断，乱象丛生，造成了现在古董和黄金齐齐飞涨的怪相。

黄金的化学符号为Au，Au的名称来自古罗马神话中的“黎明女神”欧若拉（Aurora）。正如这个赞美意味浓厚的名称，黄金在人类文明史上一直是受到很多人狂热追捧的稀有金属，一直被视为华贵的象征。古代印加人把黄金视为“太阳的汗珠”；古埃及的法老坚持要埋葬在黄金这种“神之肉”里；《马太福音》提及的东方三博士带来的礼物之一就是黄金，而《启示录》形容圣城耶路撒冷的街道由纯金制作……

正如我们前面所说的，稀缺带来价值，黄金的价值就来自它的稀缺。根据世界黄金协会公布的数据，人类历史上4000年开采的黄金总量约为16.1万吨，勉强填满两个符合奥运标准的游泳池，其中半数以上是在过去50年中挖出来的。现在全世界可供交易的黄金大概有7万吨（实际流通量约为2.5万吨），如果用全世界60亿人来衡量，人均只有12克。

就目前的市场来看，由于规避风险和通货膨胀的双重因素的存在，所以，不管股市如何动荡或是变动，金价都会稳中有升。如果股市趋稳，投资者会担心经济好转后的通货膨胀问题而买入黄金；如股市持续动荡，投资者会将资金撤出股市，转而买入黄金。由此可见，不管出现哪种情况，当前市场的金价总体都将呈现持续攀升势头。尤其在金融海啸的冲击之下，不少国家的央行也开始加入购买黄金的队伍当中。2009年，仅印度央行就从国际货币基金组织购买了200吨黄金。此外，俄罗斯的国际储备中，黄金的储备量也增加了18亿美元。

对于个人投资者来说：

首先，投资黄金可以保值增值，抵御通货膨胀。通货膨胀意味着货币实际购买力下降，而黄金作为一种稀缺资源，其价格也会随着货币购买力的降低而迅速上涨。有这样一个例子：100年前，1盎司（约31克）黄金可以在伦敦订制1套上好的西装；100年后的今天，1盎司黄金依然可以在伦敦订制一套上好的西装，甚至更好。当个人投资者面对CPI上涨给自己的财富和购买力带来威胁时，当股市处在震荡期时，黄金也许是财富最好的“避风港”。

其次，黄金的产权转移十分便利，是最好的抵押品种。房产的转让需要办理复杂的过户手续，股票的转让也要交纳佣金和印花税，而黄金转让则没有任何登记制度阻碍。假如您想给子女一笔财产，送黄金不用办理任何转让手续，比送一栋房子要方便得多。

最后，可以真正达到分散投资的目的。“不把鸡蛋放在同一个篮子里”，不是买一堆股票或者一堆基金就是分散投资了，最理想的分散投资应该是投资在互不相关的品种上，比如储蓄、股市、房地产、黄金甚至古董，等等。将黄金加入自己的投资篮子可以有效分散风险，平抑投资组合的波动性，真正起到分散投资的目的。

目前市场上的黄金品种主要有：交易所金条、纪念金币、黄金凭证、黄金期货这四种。那么究竟哪种适合自己，还要看个人的风险偏好及对黄金市场的了解程度。具体介绍如下：

（1）投资金条的优点是不需要佣金和相关费用，流通性强，可以立即兑现。缺点是占用一部分现金，在保证黄金实物安全方面有一定风险，被贼惦记了就惨了。

购买金条需要注意的是要购买知名企业的金条，要妥善保存有关单据，要保证金条外观完好，包括包装材料和金条本身不受损坏，以便将来出手方便。

（2）投资纪念金币虽有较大的增值潜力，但投资金币有一定的难度，首先要有一定的专业知识，对品相鉴定和发行数量、纪念意义、市场走势都要了解，而且还要选择良好的机构进行交易。

（3）黄金凭证是国际上比较流行的一种黄金投资方式，亦称纸黄金。银行和黄金销售商提供的黄金凭证，帮投资者避免了储存黄金的风险。购买黄金凭证占用了投资者不少资金，对于提取数量较大的黄金，要提前预约，有些黄金凭证信誉度不高。投资者要购买获得当地监管局认可证书的机构凭证。

（4）黄金期货风险较大，对专业知识和大势判断的能力要求较高，投资者要在入市前做足功课，不要贸然进入，风险厌恶型的投资者更是别趟这趟“浑水”。

第三章

信用是基础，有信用才有金融业的生存

第一节　国家信用的两个构成部分

国家信用既是国家为弥补收支不平衡、建设资金不足的一种筹集资金方式，同时也是实施财政政策、进行宏观调控的一种措施与手段。

国家信用是一种特殊资源，政府享有支配此种资源的特权，负责任的政府绝不会滥用国家信用资源。政府利用国家信用负债获得的资金应该主要用于加快公共基础设施的建设，以及为保障经济社会顺利发展并促进社会公平的重要事项，以向社会公众提供更多的公共物品服务，并实现社会的和谐与安宁。

国家信用的财务基础是国家将来偿还债务的能力，这种偿债能力源于属于国家（全体人民）的财务资源，它的现金流来源于三个方面：国家的税收收入、政府有偿转让国有资产（包括土地）获得的收入以及国家发行货币的专享权力。国家信用应当由国家的法律予以保障。

国家信用的基本形式是发行政府债券，包括发行国内公债、国库券、专项债券、财政透支或借款等。公债是一种长期负债，一般在1年以上甚至10年或10年以上，通常用于国家大型项目投资或较大规模的建设，在发行公债时并不注明具体用途和投资项目；国库券是一种短期负债，以1年以下居多，一般为1个月、3个月、6个月等；专项债券是一种指明用途的债券，如中国发行的国家重点建设债券等；财政透支或借款是在公债券、国库券、专项债券仍不能弥补财政赤字时，余下的赤字即向银行透支和借款。透支一般是临时性的，有的在年度内偿还。借款一般期限较长，一般隔年财政收入大于支出时（包括发行公债收入）才能偿还。我国只将财政向银行的透支和借款算为财政赤字，而发行国库券和专项债券则作为财政收入而不在赤字中标示。

一般认为以债券形式弥补财政赤字，是现有流通中货币购买力的转移，即企业居民的购买力转移给财政使用，没有增加社会购买力，不影响社会总需求和总供给之间的平衡关系。财政向银行透支和借款，是银行在对社会贷款及其他支付（如购买金银、外汇）以外增加的一笔支付，因而增大银行货币投放量，影响社会总需求与总供给的平衡。只有在财政透支借款的同时，银行压缩对社会的贷款及其他支付或增加吸收存款等资金来源又不扩大贷款时，才不会出现信用超分配和信用膨胀，影响社会总需求与总供给的关系。另外，财政向企业推销公债，企业资金转移给财政，但企业生产和建设资金不足，可能加大对银行的压力，银行对企业贷款增加，无异于银行对财政的贷款。所以要使国家信用正常发展，财政、信贷与物资供给必须综合平衡。

在西方国家，银行大量掌握国家信用工具——国库券、公债及其他国家债券，它是银行的一项重要资产业务。商业银行往往对国家信用实行包销，推销不出的公债由银行购买。商业银行通过经营国家信用工具而获得巨大利益。中央银行则将买卖国家信用工具作为进行公开市场业务，这是调节货币流通的重要手段。国家信用工具通过市场发行与流通，初次发行，称为发行市场，又称一级市场，发行以后至到期前可以在市场买卖，称为流通市场或二级市场。二级市场买卖流通是国家信用工具发行的重要条件。

在我国，20世纪50年代初期曾发行过公债券，后来一度取消。1979年经济改革以来，从1982年开始发行国库券，后又发行国家重点建设债券等国家信用工具，一方面是为了筹集部分资金弥补财政赤字，另一方面主要是为了增加生产投资，加快国家重点建设。

第二节 银行的信用形式

生活中，不管是老人还是年轻人，当手中有了一部分闲置资金以后，首先想到的一定会是在银行存一笔钱，在回答为什么要把钱存进银行这个问题时，我想读者朋友们的答案一定是："银行安全啊！"可是银行究竟为什么安全呢？这就涉及我们今天的话题——银行信用。

银行信用是指以银行为中介，以存款等方式筹集货币资金，以贷款方式对国民经济各部门、各企业提供资金的一种信用形式。

2009年11月，我国各家银行一年的放贷额度已基本用完，另外又受《个人贷款管理暂行办法》等多方面影响，银行开始收紧个人贷款，并且对个人贷款审批非常严格。

刘女士在北京东四环看中一套价值400万元的房子，按照首付四成的比例，她需要拿出160万元的首付款。虽说刘女士夫妇年收入不算低，但她表示最近股市比较好，不太想动用股市里的钱支付首付款，而是想通过抵押自己现有住房去支付首付款，然后再办理住房按揭贷款。也就是说，400万元的房款全部通过银行贷款方式支付。

刘女士这一算盘打得不错。但她向建行、招行、北京银行等银行工作人员咨询了一圈下来，发现银行根本无法满足她的要求。所有银行均表示抵押贷款不能作为购买房子的首付款，也有银行直接告知她，房屋抵押率最多只能做到7成左右，有的银行还表示利率上浮10%。

招商银行的一位工作人员说：只要是用于购房、买车、装修、旅游等消费，均可以申请办理个人抵押贷款，但是必须出具贷款用途证明。例如，抵押贷款用于购房，客户需要提供购房合同、首付款收据等。为了降低经营风险和控制放贷规模，一些银行已经开始停办个人贷款业务，虽然有些银行仍然可以办理个人贷款，但对贷款的用途审查得更加严格。

银行对贷款部门或个人进行严格的审批，降低了银行收回贷款的风险，这在一定程度上就能够保证储户存款的安全。试想，如果银行放松了对贷款的审批，人们不管是买房还是买车，只要向银行申请就能贷到款，但贷款人却没有能力去偿还银行的贷款，长期下去，银行所面临的风险将不仅是储户的存款不保，甚至还有可能自己倒闭，美国次贷危机不就是个很好的证明吗？

严格的审批程序，保证了银行的安全。同时，如果银行面临了一定的风险，国家会适时地对银行进行救助，也保证了银行的安全。

2008年11月13日，经过近两个昼夜的谈判，美国财政部、美国联邦储备委员会以及美国联邦储蓄保险公司终于宣布对处于困境的花旗集团提供一揽子救助方案。救助包括将为花旗集团提供包括住房抵押贷款、商业房地产贷款在内的总计3060亿美元债务的担保。

2009年12月4日，英国国家审计署公布的一份报告显示，政府对银行业的救助金额总计已达8500亿英镑，此项救助措施避免了英国银行纷纷倒闭的混乱局面，储户的存款也没有受到损失。银行的安全性在于其对风险的防范，同时也在于国家信用对银行的支持，这使得银行信用要高于企业信用、商业信用等其他一些信用形式。

在社会信用体系中，银行信用是支柱和主体信用，是连接国家信用和企业信用、个人信用的桥梁，在整个社会信用体系的建设中，具有先导和推动作用。一旦银行信用缺失，会在很大程度上破坏金融市场的有序性、公正性和竞争性，给金融发展环境造成诸多不利影响。可以说，银行信用是整个社会信用健全完善的重要标志，也是构筑社会金融体系的基石。

第三节　什么是信用评级以及如何重塑信誉

现在的金融界中，信用是实实在在地能够换来真金白银的。但信用是抽象的东西，而且不易了解。打个比方说，你想要买某公司A的债券，但是却不知道这家公司的具体情况，自己了解又非常麻烦。其实很多金融工具的真实价值，别说一般人，就是专业的机构投资者也要费一番功夫才能了解得清楚。如何解决这一信息不对称问题，让市场运转得更加顺畅呢？这一问题促使信用评级公司应运而生了。

信用评级又称资信评级，是一种社会中介服务，为社会提供资信信息，或为单位自身提供决策参考。它最初产生于20世纪初期的美国。1902年，穆迪公司的创始人约翰·穆迪开始对当时发行的铁路债券进行评级，后来延伸到各种金融产品及各种评估对象。由于信用评级的对象和要求有所不同，因而信用评级的内容和方法也有较大区别。我们研究资信的分类，就是为了对不同的信用评级项目应用不同的信用评级标准和方法。

关于信用评级的概念，目前为止没有统一说法，但内涵大致相同，主要包括三个方面：

首先，信用评级的根本目的在于揭示受评对象违约风险的大小，而不是其他类型的投资风险，如利率风险、通货膨胀风险、再投资风险及外汇风险，等等。

其次，信用评级所评价的目标是经济主体按合同约定如期履行债务或其他义务的能力和意愿，而不是企业本身的价值或业绩。

最后，信用评级是独立的第三方利用其自身的技术优势和专业经验，就各经济主体和金融工具的信用风险大小所发表的一种专家意见，它不能代替资本市场投资者本身做出投资选择。

需要指出的是：信用评级不同于股票推荐。前者是基于资本市场中债务人违约风险做出的，评价债务人能否及时偿付利息和本金，但不对股价本身做出评论；后者是根据每股盈利（EPS）及市盈率（PE）做出的，往往对股价本身的走向做出判断。前者针对债权人，后者针对股份持有人。

目前国际公认的专业信用评级机构只有三家，分别是穆迪（Moody's）、标准普尔（Standard & Poor's）和惠誉国际（Fitch）。

（1）穆迪（Moody）公司的创始人是约翰·穆迪，他在1909年出版的《铁路投资分析》一书中发表了债券资信评级的观点，使资信评级首次进入证券市场，他开创了利用简单的资信评级符号来分辨250家公司发行的90种债券的做法，正是这种做法才将资信评级机构与普通的统计机构区分开来，因此后人普遍认为资信评级最早始于穆迪的铁道债券资信评级。1913年，穆迪将资信评级扩展到公用事业和工业债券上，并创立了利用公共资料进行第三方独立资信评级或无经授权的资信评级方式。穆迪评级和研究的对象以往主要是公司和政府债务、机构融资证券和商业票据，后来开始对证券发行主体、保险公司债务、银行贷款、衍生产品、银行存款和其他银行债以及基金等进行评级。目前，穆迪在全球有800名分析专家，1700多名助理分析员，在17个国家设有机构，2003年评级和分析的债券总额超过30兆美元，其股票在纽约证交所上市交易（代码MCO）。

（2）标准普尔（S&P）由普尔出版公司和标准统计公司于1941年合并而成。普尔出版公司的历史可追溯到1860年，当时其创始人普尔先生（Henry V. Poor）出版了《铁路历史》及《美国运河》，率先开始金融信息服务和债券评级。1966年标准普尔被麦克劳希尔公司（McGraw Hill）收购。公司主要对外提供关于股票、债券、共同基金和其他投资工具的独立分析报告，为世界各地超过22万多只证券及基金进行信用评级，目前拥有分析家1200名，在全球设有40家机构，雇用5000多名员工。

（3）惠誉国际（Fitch）是1913年由约翰·惠誉（John K.Fitch）创办，起初是一家出版公司，他于1924年就开始使用AAA到D级的评级系统对工业证券进行评级。近年来，惠誉进行了多次重组和并购，规模不断扩大。1997年惠誉公司并购了另一家评级机构IBCA，2000年并购了DUFF & PHELPS，随后又买下了Thomson Bankwatch，目前，公司97%的股权由法国FIMALAC公司控制，在全球有45个分支机构，1400多名员工，900多名评级分析师，业务主要包括国家、地方政府、金融机构、企业和机构融资评级，迄今已对1600家金融机构、1000多家企业、70个国家、1400个地方政府和78%的全球结构融资进行了评级。

自1975年美国证券交易委员会SEC认可上述三家公司为“全国认定的评级组织”后，三家公司就垄断了国际评级行业。据国际清算银行（BIS）的报告，在世界上所有参加信用评级的银行和公司中，穆迪涵盖了80%的银行和78%的公司，标准普尔涵盖了37%的银行和66%的公司，惠誉公司涵盖了27%的银行和8%的公司。每年的营业收入，穆迪公司约为15亿美元，标准普尔公司约为10多亿美元，惠誉国际公司约为5亿美元。

但是，我们也不能迷信这些个评级公司，没有人比你更在乎你自己的钱。虽然信用评级已经走过了一百多年的历史，已经独立成为了一个行业，但自20世纪90年代以来，国际金融市场上各种危机此起彼伏，其中不少都牵扯到了信用评级机构，让我们不得不揣测信用评级公司跟华尔街的金融巨头还是“穿一条裤子”的了。

如1998年亚洲金融危机爆发，包括穆迪、标普在内的信用评级机构未能事先做出预警，危机发生后马上大幅降低相关国家评级对象的信用等级。2001年美国发生安然、世通等大公司破产倒闭的财务丑闻事件，评级机构同样在事先未做出任何预警。安然破产前4天，其信用等级仍保持在投资级，这些案例使得信用评级机构备受质疑。

2007年对信用评级机构的批评余音尚在，次贷危机的爆发再次将信用评级机构推向风口浪尖。信用评级机构对与次贷相关的衍生产品评级出现了严重误判。美国的次级抵押贷款支持债券及与之相关的抵押债务凭证通过信用评级，大约有75%得到了AAA的评级，仅有7%被评为BBB及以下，其余为A或AA。而实际情况则完全不是这样，违约率高涨不下，整个市场已经接近崩溃边缘，而评级机构则“浑然不知”。

第四节　难得的商业信用

古人说："君子爱财，取之有道。"做人如此，做企业更要如此。商业信用是企业的灵魂，一个没有信用的企业连生存都很困难，更别提发展壮大了。我国流传了一则关于信用的故事：以前有两夫妻卖酒，因酒中不掺水，所以生意十分红火。后来丈夫外出经商，回来后发现店中冷清了许多，妻子也卧病在床，丈夫忙问："发生了什么事？"妻子回答说："我在酒中掺了水，多卖了些钱，可后来买酒的人越来越少了。"丈夫悲哀地说："你把你的诚信掺水卖掉了。"

这就是商业信用的作用，没有信用就招揽不来顾客。我们来看另一则小例子：

王老板的家具生意做得有声有色，同时他也是一个对自己要求非常严格的人，这种严格始终贯穿在他的生意中，主要体现在他对家具质量的要求上。很多商家选择王老板生产的家具，主要原因就是看中了其家具的质量。同时王老板也是一个非常讲信用的人，他从不拖欠生产家具所用的原材料货款，总是先付款后提货。也正是王老板的这种严格和守信，为他在业界树立了不错的口碑。

有一年，家具生意很不好做，很多家具生产厂家都倒闭了，但精明的王老板认为，只要现在能够继续生产，一段时间以后，家具市场肯定会好转，并且会比之前经济景气的时候还好。可是，问题出来了，想要继续生产，就必须有原料，但王老板手中目前没有那么多的流动资金。于是，王老板便找到材料供应商，要求其先赊购一部分原料，等家具盈利后立即归还欠款。材料供应商听完后，立即答应了他的请求，原因是王老板是一个守信用的人，他们信得过他。

正是凭借着自己的信用，王老板的公司得以生存下去，这就是商业信用的力量。而文中提到的赊销是商业信用三种形式中的一种，其余两种是预收货款和商业汇票。

从本质上而言，商业信用是基于主观上的诚实和客观上对承诺的兑现而产生的商业信赖和好评。主观上的诚实，是指在商业活动中，交易双方在主观心理上诚实善意，没有其他欺诈意图和目的，秉承着公平交易的理念；客观上对承诺的兑现，是指商业主体应当对自己在交易中向对方做出的有效意思表示负责，应当使之实际兑现。商业信用是主、客观的统一，是商事主体在商业活动中主观意思和客观行为一致性的体现。

商业信用在加强企业之间的经济联系、加速资金的循环与周转、促进社会再生产的顺利进行等方面都起着非常重要的作用。

1.融通资金，促进生产发展

工商企业间所提供的商业信用，实质上是企业之间提供的一种便利而又快捷的融资服务，以低成本的方式缓解了企业对流动资金的需求，维持了企业连续不断的生产经营过程，从而促进了经济的发展。

2.减少存货，增加销售收入

企业间提供的商业信用，既满足了一方生产经营需要，也有利于对自身资产的充分利用，同时还减少了库存压力，降低了存货风险和仓储费用，加快了存货的流通速度和资金周转，提前确认了企业的销售收入，增加了企业的效益。

3.促进销售，扩大市场份额

现代经济是以满足市场和用户需求而进行的生产与交换。市场除了有对商品（或劳务）数量、质量和价格方面的需求，还有对服务的需求，而提供商业信用正是满足市场需求的一项重要内容。工商企业通过提供商业信用，有利于缓解资金困难状况，维持生产循环，保持业务联系，从而使自身的产品拥有较高的市场占有比率。在经济活动中，保持商业信用一直被认为是企业间互利互惠的双赢之举。

4.操作灵活，信用规模适度

商业信用的操作更为简单灵活，信用双方一般依购销合同约定条件，如延期付款、分期付款等，合同生效的同时信用随之产生。即使是商业承兑汇票，其手续也比银行承兑汇票或银行贷款简便。一般情况下，企业一方提供的信用规模和另一方的采购资金需求量是一致的，不会造成过度采购而引起的存货积压和浪费。

商业信用是企业之间的润滑剂，能够促进生产和产品的流通，是其他信用形式无法替代的。在银行信用迅速发展的当今社会，商业信用作为信用体系的基础仍然发挥着极其重要的作用。但同时，商业信用也有一定的局限性：

（1）商业信用的规模受限于赊销规模，信用方向单一，局限于有购销业务的工商企业之间，且信用期限短，较难满足企业长期生产周转的需要。

（2）商业信用的存在可能产生一种虚假繁荣的市场需求，误导投资，又进一步推进了经济的虚假繁荣，若控制不当，则容易诱发金融危机甚至引起经济危机。

（3）企业间因失信违约引起的账款拖欠问题十分严重。据中国企业家调查系统《2009年中国企业信用状况》指出，中国企业的信用状况“仍存在许多不容忽视的问题，尤其是拖欠货款（贷款、税款）、违约和制售假冒伪劣产品等现象更为严重”。

商业信用的缺失是已经转型成商业社会的中国最严重的问题之一。为商逐利那是本业，自不必言，但赚钱赚得连良心都没了，这就愧为人了。中国有一句老话——赚钱得凭良心。这句话经历了几千年的风风雨雨，至今仍然适用。

第五节　个人信用不可忽视

眼看着房价飙升，一天上一个台阶，可自己手里资金不足，这时你会想："那就贷款吧。"周末，同事都开着私家车去郊游了，你也想买辆车享受一下美好人生，可自己手头的现金不够，这时你又想："还是贷款吧。"且慢，你以为向银行贷款就很容易吗？

试想一下，如果在街边上，有陌生人向你借钱，你往往会疑心他是一个骗子。因为你并不了解街边的陌生人，你不知道他的信用如何，因此他很难让你相信他会还你的钱。

放进金融学中来看，你对于银行来说，也就是一个从街上拐进门里的陌生人。如果你向银行借钱，那么银行也需要了解你是谁，需要判断你是否能按时还钱，是不是已经借了很多钱，是不是有借钱不还的恶习，等等，这就是个人信用的含义。有鉴于此，为了证明自己的信用，你要向银行提供一系列的证明材料：单位证明、工资证明等；银行的信贷员也要打电话给你单位、上门拜访等，有时可能需要两星期甚至更长的时间后，银行才会告诉你是否借钱给你。

当然，上面说的是过去的贷款方式。现在好了，中央银行个人征信系统在2005年8月已经实现了全国商业银行联网。一个人如果有一条不良信用记录在深圳被央行个人信用数据库载入，则他在全国127家商业银行申请贷款时就会遇到麻烦。据了解，个人征信系统的全国联网，对避免不良个人消费信贷的发生作用明显，央行个人征信制度开始"发威"了。

央行征信查询系统开通后，只要与银行发生过信贷关系的人，都会在银行个人信用系统里留下信用记录，包括个人身份识别信息、个人贷款信息、个人信用卡信息等。甚至个人支付水、电、电信、燃气等公用事业费用的信息，以及法院民事判决、欠税等公共信息都将逐步成为企业和个人综合信用报告的一部分。被列为风险类客户的借款人，再从银行申请新的贷款时，获得批准的可能性会很小，甚至会直接被拒绝。在实际操作中，即使能够获得批准，也会付出很高的成本。目前，银行结束了长期以来对所有客户的统一贷款利率，开始视客户的不同情况给予差别利率。自从银行实行差别利率政策以来，就把客户以往的还贷情况作为一项重要的考核标准。对于经常出现逾期还款的客户，银行会相应地提高其贷款利率，不仅不能享受优惠利率，甚至会以上浮的贷款利率来给予客户“惩戒”。

所以说“个人信用记录”是当今社会个人的第二张“证件”。王小姐由于疏忽，去年有一个月的信用卡少还了几元钱，现在已经出现新办信用卡不能获批的情况，她担心马上要买房是否能顺利获得贷款并给予7折优惠。对于王小姐的担心，记者咨询了银行相关人士，业内人士表示，如果信用卡有逾期记录，哪怕只有几分钱，都会在个人信用记录中有记载。

但是大家也不必对于征信系统过于恐慌，个人信用相当于为个人建立了一个信用档案，每一次按时支付水、电、燃气和电话费，以及按时向银行还本付息，都会为个人积累良好的信用记录。而良好的信用记录对个人最大的好处就是为个人积累了信誉财富。一般而言，为保证收回贷款，银行只有在你提供了充足的抵押品后才可能给你贷款。如果你拥有良好的信用记录，就可能使银行相信你会按时还款，即使你无法提供物质抵押品，银行也会给你贷款。因此，良好的信用记录如同“信誉抵押品”，能帮助你获得银行贷款。另外，良好的信用记录还可使你获得优惠的金融服务——银行在贷款规模、期限和利率上会有一定的灵活性和优待。

为了能拥有良好的个人信用记录，我们首先应尽早建立个人的信用记录。最简单的方法就是与银行发生借贷关系，例如可以向银行办理一张信用卡或一笔贷款。这里要澄清的是：不从银行借钱不等于信用就好。因为没有历史信用记录，银行就失去了一个判断你信用状况的便捷方法。

其次，如果你有拖欠的款项，请尽快将欠款付清。你需要建立自己的还（缴）款计划，及时归还贷款及信用卡透支额，按时缴纳各种费用。否则，逾期还款等情况就会如实反映在你的信用报告中，对你的信用活动造成不利影响。

最后，如果你已经建立了信用档案，请关心自己的信用记录。由于一些无法避免的原因，信用报告中的信息可能会出错。一旦发现自己的个人信用记录内容有错误，应尽快联系提供信用报告的机构，及时纠正错误信息，以免自己受到不利的影响。

第六节　民间金融活动中如何保证信用

就严谨的观点来看，民间信用也称民间金融，泛指非金融机构的自然人、企业及其他经济主体之间以货币资金为标的价值让渡及本息还付。它是适应民间各经济主体之间为解决生产、经营、投资、生活等各方面的资金需求而应运而生的一种信用形式。

民间信用的主要存在形式有：直接货币借贷；通过中介人进行的货币借贷；以实物做抵押取得借款的“典当”等。民间信用的目的既为生产又为生活，一般期限较短，规模有限，而且自发性和分散性较强，风险性较大，所以利率也比较高。在现实生活中，民间信用是商业信用与银行信用的补充，其存在的基础是商品经济的发展和社会贫富不均，以及金融市场与其他信用形式不发达。

民间信用是一种古老的信用形式，主要是适应个人之间为解决生活或生产的临时需要而产生的。在中国，这种信用形式一直存在。中华人民共和国建立以后的30年中，由于个人收入水平很低，无多余资金可供借贷，借入资金也无力偿还，另外，个人无需进行生产经营投资，无大量借贷的必要，因此民间信用规模范围很小，呈萎缩状态。1979年改革开放以来，随着经济的发展，个人和家庭生活水平的改善与不断提高，个人和家庭生产经营的开展，生活开支和投资需要增加，个人之间的融资融物也有客观需要，于是民间信贷逐渐发展起来。

民间信用大都根据生活和生产需要在个人之间临时无组织地进行。但有些需要数额大、时间长，非一家一户所能解决，故也产生了一些民间信用的临时组织形式，如摇会、标会、轮会等，通称合会。合会的基本做法是，先由急需资金的人充当会首（借方），他们凭借个人的信用，请收入较为充裕而又有信用的人出面担保，邀集亲友、邻里、同事等数人乃至数十人充当会脚（贷方），然后议定每人每次出多少份会金，多长时间会一次等事宜。第一次缴纳的会金一般归会首，以后依不同的方式，决定会脚收款次序。如按预先排定次序轮收的，称为轮会，如按摇骰方式确定的称为摇会，如按投标竞争办法的称为标会。

我国民间信用规模究竟有多大，目前尚无确切的统计资料，事实上也不可能进行确切的统计。因此，我们只能从估算及典型调查两个角度给出一个大略的概貌。有人根据民间经济在国民经济中的比重，推测出民间资金需求占社会货币总需求的30%之多。

第四章
解构复杂的金融市场体系

第一节　风云突变的股票市场

股票至今已有将近400年的历史。股票是社会化大生产的产物。随着人类社会进入了社会化大生产的时期，企业经营规模扩大与资本需求不足的矛盾日益突出，于是产生了以股份公司形式出现的、股东共同出资经营的企业组织；股份公司的变化和发展产生了股票形态的融资活动；股票融资的发展产生了股票交易的需求；股票的交易需求促成了股票市场的形成和发展；而股票市场的发展最终又促进了股票融资活动和股份公司的完善和发展。所以，股份公司、股票融资和股票市场之间的相互联系和相互作用，推动着股份公司、股票融资和股票市场的共同发展。

股票市场就是买卖股票的场所，只要是能够进行股票交易的地方都是股票市场。比如证券公司的营业部、上海证券交易所、网上股票交易系统等，都属于股票市场。

根据市场的功能划分，股票市场可分为发行市场和流通市场。发行市场是通过发行股票进行筹资活动的市场，一方面为资本的需求者提供筹集资金的渠道，另一方面为资本的供应者提供投资场所。发行市场是实现资本职能转化的场所，通过发行股票，把社会闲散资金转化为生产资本。

由于发行活动是股市一切活动的源头和起始点，故又称发行市场为“一级市场”。流通市场是已发行股票进行转让的市场，又称“二级市场”。流通市场一方面为股票持有者提供随时变现的机会，另一方面又为新的投资者提供投资机会。与发行市场的一次性行为不同，在流通市场上股票可以不断地进行交易。发行市场是流通市场的基础和前提，流通市场又是发行市场得以存在和发展的条件。发行市场的规模决定了流通市场的规模，影响着流通市场的交易价格。没有发行市场，流通市场就成为无源之水、无本之木，在一定时期内，发行市场规模过小，容易使流通市场供需脱节，造成过度投机，股价飙升；发行节奏过快，股票供过于求，对流通市场形成压力，股价低落，市场低迷，反过来影响发行市场的筹资。所以，发行市场和流通市场是相互依存、互为补充的整体。

根据市场的组织形式划分，股票市场可分为场内交易市场和场外交易市场。

股票场内交易市场是股票集中交易的场所，即股票交易所。有些国家最初的股票交易所是自发产生的，有些则是根据国家的有关法规注册登记设立或经批准设立的。今天的股票交易所有严密的组织、严格的管理，并有进行集中交易的固定场所。在许多国家，交易所是股票交易的唯一合法场所。在我国，1990年年底，上海证券交易所正式成立，深圳证券交易所也开始试营业。

股票场外交易市场是在股票交易所以外的各证券交易机构柜台上进行交易的市场，所以也称作柜台交易市场。随着通信技术的发展，一些国家出现了有组织的、并通过现代化通信与计算机网络进行交易的场外交易市场，如美国的全美证券商协会自动报价系统（NASDAQ）。由于我国的证券市场还不成熟，目前场外交易市场的发展并不完善。

在整个金融市场体系中，股票市场和债券市场一起属于资本市场，它们都是主要提供一年以上中长期资金需求的市场，其融通的资金主要作为扩大再生产的资本所使用。而货币市场、期货市场、外汇市场都不属于资本市场。

在资本市场中，债券市场所融的资金是需要偿还的，而股票市场所融的资金是无需偿还的（但是股票持有人拥有公司的控制权），这种差异被分别称为债权性融资和股权性融资，这是股票市场和债券市场根本性的区别。

有了股票市场，通过股票的发行，大量的资金流入股市，又流入了发行股票的企业，促进了资本的集中，提高了企业资本的有机构成，大幅加快了商品经济的发展。通过股票的流通，使小额的资金汇集起来，又加快了资本的集中与积累。所以股市一方面为股票的流通转让提供了基本的场所，同时也刺激了人们购买股票的欲望，为一级股票市场的发行提供保证。同时由于股市的交易价格能比较客观地反映出股票市场的供求关系，股市也能为一级市场股票的发行提供价格及数量等方面的参考依据。这就是股票市场的功能。

我国股票市场的发展经历了一个曲折的过程，从极不规范到逐步规范。党的十一届三中全会以来，股份制首先在城乡集体企业中出现。当时为缓解资金短缺，一些小的集体企业自发集资入股或公开招股，但其行为很不规范，股票上甚至标明固定利率和偿还期限，类似企业债券，而且没有二级市场进行股票的交易和转让。1984年，经济体制改革的重心由农村推向城市，在北京诞生了第一家由全民所有制企业改制的股份制企业——北京天桥百货股份公司。随后，上海、广州、沈阳等地也开始了股份制的试点工作。1984年11月，上海飞乐音响公司改制为股份有限公司，向公众发行50万元股票，这是我国第一家向公众公开发行股票的股份公司。紧接着上海延中实业有限公司也向公众发行股票，筹资500万元。随着股份公司的发展，发行股票数量的增加，在沈阳、上海等地出现了股票柜台交易。1986年8月，沈阳市信托投资公司代客买卖证券，开展股票柜台交易业务。同年9月，中国工商银行上海市分行静安区营业部也开始柜台交易。1990年12月19日上海证券交易所成立，1991年7月30日深圳证券交易所成立，自此，中国股票市场正式起步。

在我们国家，股票市场除了具有上面提及的功能外，它还起到了以下三个方面的作用：

第一，加快了企业经营机制的转换。企业经营管理好，盈利多，投资者的收益也多；反之，投资者的收益就少。这种关系有利于加强投资者对所投资企业经营管理和财务管理的监督，对企业转换经营机制、提高经营管理水平，发挥了积极作用。

第二，发行股票是国家实施产业政策，优化资源配置的一种重要手段。据统计，在全部上市公司中，属能源、交通、原材料、电子、高科技、农业及房地产等行业的约占90%以上。这些企业通过股票市场，直接且快速地获得资金，为国家的经济发展及产业结构调整做出了贡献。同时，股票市场为企业兼并收购和资产重组提供了广阔天地，促进了资源配置的优化。

第三，促进政府职能转变，实现政企分开。股份制企业的最高权力机构是股东大会，日常重大决策由董事会做出。政府不干预企业依法运作，即使是政府控股的企业，政府也是以控股人的身份参与企业的经营决策，享有控股人的权力并承担相应的义务。

可以说，股票是现在最流行、最火爆的投资工具。很多人在制定自己的投资策略时，股票往往是不会被忽视的。

股票是一种有价证券，是股份有限公司在筹集资本时向出资人公开发行的、用以证明出资人股东身份和权利，并根据股票持有人所持有的股份数享有权益和承担义务的可转让的书面凭证。股票代表其持有人（即股东）对股份公司的所有权，每一股同类型股票所代表的公司所有权是相等的，即通常所说的“同股同权”。

股票市场的职能反映了股票市场的性质。在市场经济社会中，股票有如下四个方面的职能：

1.积聚资本

上市公司通过股票市场发行股票来为公司筹集资本。上市公司将股票委托给证券承销商，证券承销商再将股票在股票市场上发行给投资者。而随着股票的发行，资本就从投资者手中流入了上市公司。

2.转让资本

股市为股票的流通转让提供了场所，使股票的发行得以延续。如果没有股市，我们很难想象股票将如何流通，这也体现出了股票的基本性质。当一个投资者选择银行储蓄或购买债券时，他不必为这笔钱的流动性担心，因为无论怎么说，只要到了约定的期限，他都可以按照约定的利率收回利息并取回本金。特别是银行存款，即使提前支取，除本金外也能得到少量利息。总之，将投资撤回、变为现金不存在任何问题。但股票就不同了，一旦购买了股票就成为企业的股东，此后，你既不能要求发行股票的企业退股，也不能要求发行企业赎回。如果没有股票的流通与转让场所，购买股票的投资就变成了一笔死钱，即使持股人急需现金，股票也无法兑现。这样的话，人们对购买股票就会有后顾之忧，股票的发行就会出现困难。有了股票市场，投资者就可以随时将持有的股票在股市上转让，按比较公平与合理的价格将股票兑现，使死钱变为活钱。

3.转化资本

股市使非资本的货币资金转化为生产资本，它在股票买卖者之间架起了一座桥梁，为非资本的货币向资本的转化提供了必要的条件。股市的这一职能对资本的追加、促进企业的经济发展有着极为重要的意义。

4.给股票赋予价格

股票本身并无价值，虽然股票也像商品那样在市场上流通，但其价格的多少与其所代表的资本的价值无关。股票的价格只有在进入股票市场后才表现出来，股票在市场上流通的价格与其票面金额不同，票面金额只是股票持有人参与红利分配的依据，不等于其本身所代表的真实资本价值，也不是股票价格的基础。在股票市场上，股票价格有可能高于其票面金额，也有可能低于其票面金额。股票在股票市场上的流通价格是由股票的预期收益、市场利息率以及供求关系等多种因素决定的。但即使这样，如果没有股票市场，无论预期收益如何，市场利率有多大的变化，也不会对股票价格造成影响。所以说，股票市场具有赋予股票价格的职能。

参与股票市场的人和机构形形色色，我们常搞不清他们究竟是干什么的。特别是国外的股票市场上，各种机构让你眼花缭乱……

以下是股票市场参与者的五种类型。不管是在哪个股票市场（国内的，还是国外的），也不管它有多神秘，只要它参与到股票市场，它必然属于这五类参与者之一。这五类参与者分别是股票发行人、股票投资人、股票市场中介机构、自律性组织及证券监管机构。

股票发行人就是指发行股票的上市公司，我们交易的股票就是它发行的，它是股票市场的供应者。

股票投资人就是买卖股票的人和机构，它是股票市场的需求方。股票投资人中的机构投资人主要有以下几类：政府机构、金融机构（证券经营机构、银行业金融机构、保险公司、其他金融机构）、企业和事业法人、各类基金（证券投资基金、社保基金、企业年金、社会公益基金）。

股票市场中介机构是指为证券的发行与交易提供服务的各类机构。股票市场中起中介作用的机构是证券公司和其他证券服务机构，通常把两者合称为证券中介机构。证券公司又称券商，是指依照《中华人民共和国公司法》规定和经国务院证券监督管理机构批准从事证券经营业务的有限责任公司或股份有限公司。其主要业务有：证券经纪、证券投资咨询、财务顾问、证券承销和保荐、证券自营、证券资产管理、其他证券业务等。证券服务机构指依法设立的从事证券服务业务的法人机构，主要包括证券登记结算公司、证券投资咨询公司、会计师事务所、资产评估机构、律师事务所和证券信用评级机构。

而证券自律性组织包括证券交易所与证券业协会。证券交易所是为证券集中交易提供场所和设施，组织和监督证券交易，实行自律管理的法人。证券业协会指证券业的自律性组织，是社会团体法人。

至于证券监管机构，则是指代表政府和国家对股票市场进行监督、管理的政府机关。在我国就是中国证券监督管理委员会，在美国就是美国证券交易委员会。

第二节　期货市场的交割期是什么

期货，是相对现货而言的。期货是现在进行买卖，但是在将来进行交收或交割的标的物，这个标的物可以是某种商品如黄金、原油、农产品，也可以是金融工具，还可以是金融指标。交收期货的时间，可以是一星期之后，1个月之后，3个月之后，甚至1年之后。买卖期货的合同或者协议叫作期货合约。买卖期货的场所就叫作期货市场。

广义上的期货市场包括期货交易所、结算所或结算公司、经纪公司和期货交易员；狭义的期货市场则专指期货交易所。期货交易所是买卖期货合约的场所，是期货市场的核心。比较成熟的期货市场在一定程度上相当于一种完全竞争的市场，是经济学中最理想的市场形式。所以期货市场被认为是一种较高级的市场组织形式，是市场经济发展到一定阶段的必然产物。

1848年，第一个近代意义的期货交易所在芝加哥建立。这并非偶然，而是在现货远期合约交易发展的基础上，基于广大商品生产者、贸易商和加工商的需要而自然产生的。

南北战争以后，芝加哥由于其优越的地理位置而发展成为美国最重要的农产品集散地和加工中心。大量的农产品在芝加哥进行买卖，人们沿袭古老的交易方式在大街上面对面讨价还价进行交易，价格波动异常剧烈。在收获季节，农场主都运粮到芝加哥，市场供过于求导致价格暴跌，很多农场主常常连运费都收不回来；而到了第二年春天，加工商和消费者却都难以买到谷物，又导致价格飞涨。

为解决这个问题，谷物生产地的经销商应运而生。当地经销商通过现货远期合约交易的方式收购农场主的谷物，先储存起来，然后再分批上市。当地经销商在贸易实践中存在着两个问题：他需要向银行贷款以便从农场主手中购买谷物储存；在储存过程中又需要承担谷物过冬的价格风险，价格波动有可能使他无利可图甚至亏本。解决这两个问题的最好办法就是“未买先卖”，以远期合约的方式与芝加哥的贸易商和加工商交易，以转移价格风险，并获得预付款来替代贷款。这样，现货远期合约交易便成为一种普遍的交易方式。

然而，芝加哥的贸易商和加工商同样也面临着当地经销商所面临的问题，所以，他们只肯按比他们估计的交割时的远期价格还要低的价格支付给当地经销商，以避免交割期价格下跌的风险。由于芝加哥贸易商和加工商的买价太低，去芝加哥商谈远期合约的当地经销商不得不去寻找更广泛的买家，为他们的谷物卖个好价钱。一些非谷物商认为有利可图，就会先买进远期合约，到交割期临近再卖出，从中盈利。这样，购买远期合约的人渐渐增加，改善了当地经销商的收入，当地经销商支付给农场主的钱也有所增加。

这就是现代期货交易的雏形，随着期货市场进一步的发展，标准化合约和结算制度的引入，现代期货市场就此建立。

期货交易的主要特点是：必须在期货交易所内进行；双方不直接接触，而是通过交易所清算部门或清算公司结算；买卖双方可以在交割日之前采取对冲交易结束其期货头寸（平仓），这样就不必进行最后的实物交割了；期货合约的合约规模、交割日期、交割地点等都实行标准化；期货交易每天进行结算，而不是到期一次性结算。

期货交易最显著的特征是保证金制度。交易者只要按照期货合约价格的一定比例交纳少量资金作保证金，就可以参与期货合约买卖。保证金这种“四两拨千斤”的杠杆作用，使得期货交易具备了高收益、高风险的特征，赢利和亏损都被成倍放大。

期货交易所对每一张合约都要进行逐日结算。一旦保证金不足，就必须在规定时间内追加至符合规定为止；否则，就要对期货合约进行强制平仓。

期货可分为商品期货和金融期货两大类。商品期货又可分为金属期货，如铜、铝、黄金等；能源期货，如原油、汽油等；农产品期货，如棉花、大豆、咖啡等。金融期货主要包括股指期货、利率期货、外汇期货等。

期货交易的功能，在于价格发现和回避风险：

价格发现。期货交易是公开进行的对远期交割商品的一种合约交易，市场上集中了大量的市场供求信息，不同的人从不同的地点，带着对各种信息的不同理解，通过公开竞价的形式表达对远期价格的不同判断。因此，期货交易过程综合反映了供求双方对未来某个时间供求关系变化和价格走势的预期。这种价格信息具有连续性、公开性和预见性的特点，有利于增加市场透明度，提高资源配置效率。

回避风险。期货交易的产生，为现货市场提供了一个回避价格风险的场所和手段，其主要原理是利用期、现货两个市场进行套期保值交易。在实际的生产经营过程中，为避免商品价格的波动导致成本上升或利润下降，可利用期货交易进行套期保值。具体操作是，在期货市场上买进或卖出与现货市场上数量相等但交易方向相反的期货合约，使期、现货市场交易的损益相互抵消。从而锁定企业的生产成本或商品销售价格，保住既定利润，回避价格风险。

期货市场上套期保值者和投机者缺一不可。投机者用其资金参与期货交易，承担了套期保值者所希望转嫁的价格风险；投机者的参与，还使相关市场或商品的价格变化步调趋于一致，增加了市场交易量，从而增加了市场流动性，便于套期保值者对冲其合约，自由进出市场。

中国期货市场产生的背景是粮食流通体制的改革。随着国家取消农产品的统购统销政策、放开大多数农产品价格，市场对农产品生产、流通和消费的调节作用越来越大，农产品价格的大起大落和现货价格的不公开以及失真现象，农业生产的忽上忽下和粮食企业缺乏保值机制等问题引起全社会的关注。在这种背景下，中国期货市场的研究和建设就提上了议事日程。

1990年10月12日，郑州粮食批发市场经国务院批准成立，以现货交易为基础，引入期货交易机制，迈出了中国期货市场发展的第一步。此后，上海金属交易所、大连商品交易所等也陆续成立，商品期货交易初步繁荣。

2006年9月8日，中国金融期货交易所成立，并于2010年4月16日推出股指期货——沪深300股指期货合约，标志着中国期货市场进入了商品期货及金融期货并举的新阶段。

第三节　保证金融资产流动的货币市场

财务核算是以年、月为时间单位的，所以在考察资金流动性方面，财务上通常把“1年”作为时间界限，即1年以内的资金是临时、短期（其中3个月以内为“临时”，3个月以上、1年以内为“短期”）资金，1年以上的资金则是中、长期资金（1年以上、3年以内为“中期”，3年以上为“长期”）。

而货币市场和资本市场的最大区别是，货币市场上出现的金融交易工具的交易期限都在1年以下，具有充足的流动性，能随时随地获得现实的货币用于正常周转。货币市场的存在使得工商企业、银行和政府可以从中借取短缺资金，也可将它们暂时多余的、闲置的资金投放在市场中作为短期投资，生息获利，从而促进资金合理流动，解决短期性资金融通问题。

货币市场在一定时期的资金供求及其流动情况，是反映该时期金融市场银根松紧的指示器，它在很大程度上充当了金融当局进一步贯彻其货币政策、宏观调控货币供应量的帮手。各家银行和金融机构的资金，通过货币市场交易，从分散到集中，从集中到分散，从而使整个金融体系的融资活动有机地联系起来。

关于货币市场，可以从市场结构出发来重点关注以下几个组成部分：

1.同业拆借市场

同业拆借市场也被称为同业拆放市场。这个市场主要是为金融机构之间相互进行短期资金融通提供方便。参与同业拆借市场的，除了商业银行、非银行金融机构外，还有经纪人。

同业拆借主要是为了弥补短期资金不足、票据清算差额以及解决其他临时性资金短缺的需要。所以，拆借期限很短，短则一两天，长则一两个星期，一般不会超过一个月。正是由于同业拆借资金的时间很短，所以它的利率是按照日利率来计算的，利息占本金的比率称为“拆息率”，而且每天甚至每时每刻都会发生调整。

同业拆借方式包括直接拆借、间接拆借两种方式。直接拆借的主要步骤是，借入方填写一份借据给借出方，借出方同意并审核无误后开具支票交给借入方存入中央银行，这样，借入方在中央银行的存款准备金就增加了，起到了弥补资金差额的作用。与此同时，借入方要开出一张金额相同、外加利息的支票给借出方，并且注明兑付日期。兑付日期到期后，借出方将支票通过票据交换清算收回本息，整个拆借业务过程就此结束。

在间接拆借方式下，由于借出方、借入方双方是通过经纪人交易的，所以具体步骤有很大不同。交易双方首先必须将自己所需拆入或拆出资金的数额、利率、期限等告知经纪人，然后由经纪人帮助介绍对象。一旦成交，再按照直接拆借步骤办理业务过程。

在我国，同业拆借市场最早是1984年成立的。1996年1月，中国人民银行正式启动全国统一的同业拆借市场，分为中央一级网络、地方二级网络两部分金融机构，拆借期限分为1天、7天、14天、20天、30天、60天、90天、120天、6个月、9个月、1年等。

2.货币回购市场

货币回购市场主要是通过回购协议来融通短期资金。这种回购协议，是指出售方在出售证券时与购买方签订协议，约定在一定期限后按照原定价格或约定价格购回出售的证券，从而取得临时周转资金。这种货币回购业务实际上是把证券作为抵押品取得抵押贷款。反向的货币回购叫逆回购。意思是说，买入方在买入证券时与出售方签订逆回购协议，同意在一定时间后按照原定价格或约定价格出售所买入的证券。

上述货币回购业务中所指的证券，包括股票、债券等各种类型。在我国，目前允许进行回购交易的证券主要是政府债券（国债）、金融债券、中央银行债券。回购协议期限最少可以是1天，最长可以是几个月。

3.商业票据市场

商业票据一般分为本票和汇票两种。所谓本票，是指债务人向债权人发出的支付承诺书，债务人承诺在约定期限内支付款项给债权人；所谓汇票，是指债权人向债务人发出的支付命令，要求债务人在约定期限内支付款项给持票人或其他人。

而商业票据市场上的主要业务，则是对上述还没有到期的商业票据，如商业本票、商业承兑汇票、银行承兑汇票等进行承兑和贴现。

所谓承兑，是指付款人接受出票人的付款委托，同意支付汇票金额；所谓贴现，是指把还没有到期的票据转让给银行，在扣除从贴现日起到票据到期日之间所应当承担的利息后，从银行得到贷款。

4.可转让定期存单市场

可转让定期存单是指银行发行的不记名、可转让、金额较大并且固定的银行存单。这种存单虽然也是“定期”的，可是与定期储蓄相比，它是可以转让给别人的，并且，它的金额通常较大。可转让定期存单的发行方法主要有两种：一种是银行预先把发行总额、利率、发行日期、到期日、存单面额等进行公告，供大家选购，称之为“批发式”发行；另一种是银行直接在柜台出售存单，利率、存单面额、期限等双方面谈，称之为“零售式”发行或“分档式”发行。

在我国，可转让定期存单发行业务最早是1986年由交通银行、中国银行负责，1989年后扩大到其他银行。如今，可转让定期存单主要是在各银行（而且只能是银行）柜台上直接面向投资者出售，利率比同档银行存款利率略高，期限为1个月、3个月、6个月、9个月、1年等。

5.短期政府债券市场

短期政府债券，是指政府为了筹集短期资金、弥补财政预算赤字和国库资金临时不足而发行的短期债务凭证。这种债券的偿还期限一般不超过1年。

短期政府债券期限短、风险小，既可以出售也可以贴现，所以流动性很强。因为是政府债券，还可以免缴利息所得税。短期政府债券发行一般采用拍卖方式，持有人在有资格进行债券转让的金融机构柜台进行交易。

政府债券在国外一般叫作国库券，在我国称之为短期国债。虽然我国从20世纪80年代到1995年也曾经使用过“国库券”的名称，但偿还期大多超过1年，与国外短期政府债券的国库券概念有所不同。有鉴于此，我国从1995年开始不再称之为国库券，而改称为无记名国债、凭证式国债、记账式国债等，其实质都是短期国债。

第四节　发行和买卖债券的债券市场

你知道债券市场在哪里吗？听到这个问题，大部分人都会如堕云雾中，不知其所以然。债券市场是一个抽象的市场，自然不像菜市场一样有一个确定的位置。当我们在中国银行的柜台上购买国债时，那个柜台就构成债券市场；当我们在上海证券交易所的电子交易系统中交易债券时，那个系统也构成债券市场。

债券是一种有价证券，是社会各类经济主体为筹措资金而向债券投资者出具的，并且承诺按一定利率定期支付利息和到期偿还本金的债权债务凭证。由于债券的利息通常是事先确定的，所以，债券又被称为固定利息证券。债券作为一种重要的融资手段和金融工具，以其风险小、信用好等优势赢得了很多投资者的青睐。

有了债券市场，缺钱的政府、企业和金融机构就可以借别人的钱用，而这些投资者也可以通过把钱借给这些缺钱的机构用来赚取利息，所以，债券市场满足了融资者和投资者各自的需求，而成为金融市场的一个重要组成部分。

除了投融资功能外，债券市场还具有优化资源配置和宏观调控的功能。在债券市场，效益好的企业发行的债券通常较受投资者的欢迎，因而发行时利率低、筹资成本低；相反，效益差的企业发行的债券风险相对较大，受投资者欢迎的程度较低，筹资成本较高。因此，通过债券市场，资金得以向优势企业集中，从而有利于资源的优化配置。

另外，一国中央银行作为国家货币政策的制定与实施部门，其调控经济的主要手段是公开市场业务、再贴现和利率等，而要运用这些调控工具都离不开债券市场，只有在债券市场上，央行才可能实现其调控指标值，实现其调控意图。

目前，我国的债券主要有国债、金融债券、公司债券和可转换公司债券。

1.国债

国债是由财政部代表中央政府发行的债券，以国家信用作为偿还的保证。国债在所有债券品种中信用等级最高，所以被形象地称为“金边债券”，而且购买国债的利息免征个人所得税；但国债的票面利率又是这几种债券中最低的。

国债具有以下显著特征：

（1）安全性。发债主体的性质决定了国债具有其他任何种类债券都无法比拟的安全性。

（2）流动性。国债不论是现货交易，还是在国债现货基础上的资金融通，交易量都很大，流通极为便利。

（3）免税特征。投资者在付息日或买入国债后持有到期时取得的利息收入，以及在付息日或持有国债到期之前通过交易取得的利息收入免征所得税，这是国债不同于其他债券的显著特征。

（4）稳定的收益。我国的国债票面利率基本上都高于银行同期存款利率，投资国债可以获得较高的稳定收益。

国债主要分为储蓄式国债和记账式国债。储蓄式国债是通过银行系统面向个人投资者发行的一种债券。储蓄式债券自购买之日起计息，可记名、挂失，但不能上市流通；可提前兑付，按照实际持有时间和相应利率档次计息。

记账式国债主要面向机构投资者发行，以电脑方式记录债权，通过无纸化方式发行和交易，可以记名、挂失，可上市流通，自发行之日起计息，每年付息一次。记账式国债须开设账户，可在银行开设国债托管账户，也可通过证券公司在证券交易所开设账户。

当然，任何投资都是风险和收益并存的，国债也不例外。在政局稳定的情况下，投资储蓄式国债虽没有亏本的可能，但只能获得利息收入；投资记账式国债除了利息收入外，还能获得买卖债券的差价。投资国债的风险在于如果持有到期就不会亏本，但如果“中途”卖出就有可能发生亏损。

另外，投资国债面临的最大风险是利率风险，降息会使国债价格上升，加息会使国债价格下跌。个人投资者如果想要购买国债的话，最好选择中短期国债（10年以内），这样利率风险会小一些。

2.金融债券

金融债券是由银行和非银行金融机构（保险公司、证券公司等）发行的债券，是面向机构投资者发行的，个人投资者无法购买和交易。金融债券是在银行间债券市场进行交易的，其票面利率通常高于国债，但低于公司债券。

3.公司债券

公司债券是指由非金融机构发行的债券。公司债券票面利率高于国债和金融债券。部分公司债券面向社会公开发行，在证券交易所上市交易，个人投资者可以购买和交易。投资公司债券最大的风险是发债公司的违约风险，一旦发债公司经营不善，不能按照当初的承诺兑付本息，就会导致债券价格大幅下跌，使投资者蒙受损失。

4.可转换公司债券

可转换公司债券是由上市公司发行的，在发行时标明发行价格、利率、偿还或转换期限，债券持有人有权在到期后要求发行人还本付息或按照法定程序在规定的期限和价格内依照约定的条件转化为普通股票的公司债券。可转换公司债券具有公司债券的一般特征，但它和公司债券有一定的区别：持有人在一定期限、一定条件下，可将持有的债券转换成一定数量的普通股股票，是一种介乎于股票和债券之间的混合型金融工具。可转换公司债券是一种“攻守兼备”的投资品种，如果股票市价高于转股价，投资者可以将持有的债券转换成股票，然后抛出股票获利；如果股票市价低于转股价，投资者可以选择到期兑付持有的债券。投资可转换公司债券同样面临着投资公司债券的风险。

说了这么多，那么债券市场和货币市场、股票市场等其他类似金融市场又有什么不一样呢？

首先看债券市场与货币市场。这两者在金融体系中关系最密切，它们相互影响，相互转化，但其间也有区别。两个市场的功能不同，货币市场的功能是满足经济体系正常运转的流动性需求，它是金融机构调节资金头寸、管理自身流动性的场所；而债券市场属于投资市场的范畴，它是经济主体筹集资金进行投资活动的场所；两个市场投资工具的期限、收益、风险都不同，货币市场是短期的（一般在一年以内），风险低，收益也低；而债券市场是长期的，风险高，收益也高。

其次看债券市场和信贷市场。信贷市场属于间接融资市场，资金供求双方不是直接交易的，而是分别和银行等金融中介机构成交，由银行吸收资金供给者的资金，再转贷给资金需求者；而债券市场属于直接融资市场，是由资金供求双方直接成交的，债券发行人是作为资金需求者和作为资金供应者的债券购买者直接交易的。

最后看债券市场和股票市场（见本章第三节）。债券市场和股票市场同属于直接融资市场，但债券市场是以“债权的方式”进行直接融资的；而股票市场是以“股权的方式”进行直接融资的，所以，债券市场的投资工具都是债权工具，而股票市场的投资工具都是股权工具。它们的根本区别在于：债权是必须要偿还的，而且要支付利息；而股权是不用偿还的，更谈不上利息，但股东拥有对公司的所有权。

第五节　外汇市场需要从宏观角度把握

和前面我们所介绍的四类金融市场比，外汇市场是个极其特殊的市场（国内的投资者对它总有种神秘的感觉），它的特殊性根源于其交易的是特殊商品——货币，这种特殊性导致其和股票投资、债券投资等其他金融品种有明显的区别，深刻理解这些特殊性能使我们更好地理解外汇市场。

首先，市场标的物不同。外汇市场交易的标的物是货币，而股票交易的标的物是股票，债券交易的标的物是债券。这三者在主体、内容和属性上有着根本的差异。

外汇的主体是一个国家，而股票对应的主体是发行该股票的企业，债券对应的主体是发行该债券的企业或机构。也就是说，货币的发行人是国家，而股票和债券的发行人是企业。所以外汇投资看的是币种所属国货币的购买力，换而言之，即国家信用和国家实力。在投资的着眼点上跟其他市场是不一样的。

从权利属性上看，外汇持有人享有的是（对该货币的）所有权，股票持有人享有的是（对该企业的）股权，而债券持有人享有的是（对该企业的）债权。

其次，价格形成机制不同。由于货币是种特殊商品，所以，其不可能像普通商品一样被定价，其价格的形成机制明显不同于股票、债券等其他投资品种。

最后，市场结构不同。外汇市场是个特殊的市场，它和股票市场、债券市场、商品市场有截然不同的结构。

第一，在监管上，外汇市场是由私人主导的。由于外汇交易具有“跨国性”，但实际上并没有一个跨国家的联合政府机构来主导和监管，甚至连一个统一的外汇交易所都不存在，这就使得对它的监管不像对股票市场、债券市场的监管那样有效。目前的外汇交易平台的提供者多是企业，比如路透、彭博，主导市场交易的是商业银行和做市商，商业银行多是上市公司，且股东结构多元化，而外汇经纪商多是私人企业，所以，主导目前国际外汇市场的不是政府，而是私人或私人拥有的企业。

第二，外汇市场是个链接型的市场。当今的全球外汇市场实际上是将各国的外汇市场“链接”起来的一个网络系统（通过各国的商业银行），这个系统上的“单元”被松散地链接在一起，基本能满足全球外汇交易的需求。但它毕竟是个链接型的市场，链接单元不稳定、系统不统一是它不可避免的特征。

第三，外汇市场没有统一的外汇交易所，外汇市场是个典型的场外市场，也就是“有市无场”。它的大量交易都是通过通信网络完成的，并且形成了没有组织的组织，市场是由大家认同的方式和信息系统所维系的，交易商也不具有任何组织的会员资格。全球外汇市场每天平均上万亿美元的交易，就是在这种既无集中的场所、又无中央清算系统的管制下完成清算和交割的。

第四，外汇市场24小时交易。由于全球各金融中心的地理位置不同，亚洲市场、欧洲市场、美洲市场因时差的关系，连成了一个全天24小时连续作业的全球外汇市场。

第五，在外汇市场上，外汇经纪商的作用非常重要。由于外汇市场是个询价性的市场，而不是一个像股票交易所那样的竞价市场，所以，外汇经纪商的作用就比较突出，撮合买卖双方成交。

第六，外汇市场交易信息的透明度相对较低，因为外汇市场只是个“链接性市场”，并没有统一的信息披露规定，所以，其透明度明显低于其他金融市场。

目前，世界上大约有三十多个主要的外汇市场，它们遍布于世界各大洲的不同国家和地区。根据传统的地域划分，可分为亚洲、欧洲、北美洲三大部分，其中，最重要的有欧洲的伦敦、法兰克福、苏黎世和巴黎，美洲的纽约和洛杉矶，大洋洲的悉尼，亚洲的东京、新加坡和中国香港等。

每个市场都有其固定和特有的特点，但所有市场都有共性。各市场被距离和时间所分隔，它们敏感地相互影响又各自独立。一个中心每天营业结束后，就把订单传递到别的中心，有时就为下一市场的开盘定下了基调。这些外汇市场以其所在的城市为中心，辐射周边的其他国家和地区。由于所处的时区不同，各外汇市场在营业时间上此开彼关，相互跟着挂牌营业，它们相互之间通过先进的通信设备和计算机网络连成一体，市场的参与者可以在世界各地进行交易，外汇资金流动顺畅，市场间的汇率差异极小，形成了全球一体化运作、全天候运行的统一的国际外汇市场。

目前最具国际影响力的外汇市场分别是伦敦、纽约、东京、新加坡、苏黎世、中国香港，这六个外汇市场的交投量占据了全球三分之二的份额。

1.伦敦外汇市场——全球最大、最有秩序和最具影响力的外汇市场

长久以来，伦敦是世界上最大、最有秩序和最具影响力的外汇市场，根据伦敦国际金融服务局发布的外汇交易报告，英国约占全球外汇交易市

场三分之一的比重。

伦敦是欧洲美元交易的中心，在英镑、欧元、瑞士法郎、日元对美元的交易中，亦都占有重要地位。在英国交易的美元总额是在美国本土交易的美元总额的两倍，在英国交易的欧元总额比在所有欧元区国家交易的欧元总额的两倍还多。

大量外国银行纷纷在伦敦设立分支机构，目前有几百家银行从事外汇买卖，大多数是外国银行，它们的交易额在伦敦外汇市场所占比重超过三分之二。

另外，由于伦敦独特的地理位置，地处两大时区交汇处，连接着亚洲和北美市场，亚洲接近收市时伦敦正好开市，而其收市时，纽约正是一个工作日的开始，所以这段时间交投异常活跃，伦敦作为世界上最大的外汇交易中心，对整个外汇市场走势有着重要的影响。

2.纽约外汇市场——全球第二大的外汇市场

纽约是全球第二大的外汇市场，大约占有全球16%的外汇交投量，它不但是美国国内外汇交易中心，而且是世界各地外汇结算的枢纽。世界各地的美元买卖，包括欧洲美元、亚洲美元的交易，都必须在美国（主要是在纽约）商业银行账户上收付、划拨，美国国内其他外汇市场的外汇买卖也要通过纽约外汇市场划转。因此它实际上已成为世界美元交易的清算中心，有着世界上任何外汇市场都无法取代的美元清算中心和划拨的职能。由于美元是主要储备货币，重要的国际支付手段，所以，纽约外汇市场在世界上享有举足轻重的地位。

同时，纽约外汇市场的重要性还表现在它对汇率走势的重要影响上。纽约市场上汇率变化的激烈程度比伦敦市场有过之而无不及，其原因主要有以下三个方面：美国的经济形势对全世界有着举足轻重的影响；美国各类金融市场发达，股市、债市、汇市相互作用、相互联系；以美国投资基金为主的投机力量非常活跃，对汇率波动推波助澜。

3.东京外汇市场——亚洲最大、全球第三的外汇市场

东京外汇市场是亚洲最大、全球第三的外汇市场，约占全球6%的外汇交投量。虽然列全球第三，但在外汇市场的地位上，它与伦敦和纽约还是差一个档次。

日本过去实行严格的外汇管制，20世纪50年代后，逐渐放松外汇管制。1964年，日本加入国际货币基金组织，日元才被允许自由兑换，东京外汇市场开始逐步形成。

自20世纪70年代起，日本政府力图使日元走向国际化，推行金融自由化、国际化政策，并于1980年12月起，实施新的《外汇修正法》，外汇管制彻底取消，居民外汇存款和借款自由，证券发行、投资及资本交易基本自由，并改变过去只有经过政府批准的外汇银行和经纪商才能经营外汇业务的规定，使所有银行都可在国内经营外汇业务。

东京外汇市场伴随着外汇管理体制的演变迅速发展，从一个区域性外汇交易中心发展为当今世界仅次于伦敦和纽约的第三大外汇市场，年交易量居世界第三。

4.新加坡外汇市场——全球第四大外汇市场

新加坡外汇市场是随着亚洲美元市场的发展而发展起来的，目前它是全球第四大外汇市场。

新加坡地处欧亚非三洲交通要道，时区优越，上午可与中国香港、东京、悉尼进行交易，下午可与伦敦、苏黎世、法兰克福等欧洲市场进行交易，中午还可同中东的巴林交易，晚上同纽约进行交易。根据交易需要，一天24小时都同世界各地区进行外汇买卖。新加坡外汇市场除了保持现代化通信网络外，还直接同纽约的CHIPS（银行间同业付款清算系统）和欧洲的SWIFT（环球银行金融电信协会）系统连接，货币结算十分方便。

5.苏黎世外汇市场——独特的外汇市场

瑞士苏黎世外汇市场主要由瑞士银行、瑞士信贷银行、瑞士联合银

行、瑞士国家银行、国外银行及分支机构、国际清算银行及国际金融业的各种银行组成。它是一个有历史传统的外汇市场，在国际外汇交易中处于重要地位。这一方面是由于瑞士法郎是自由兑换货币；另一方面是由于第二次大战期间瑞士是中立国，外汇市场未受战争影响，一直坚持对外开放。其交易量原先居世界第四位，但近年来被新加坡外汇市场超过。

苏黎世作为一个国际金融中心，具有许多特殊的有利条件。瑞士是一个永久中立的自由经济国家，经济繁荣、政局稳定、保护私人财产，被认为是国际游资的安全存放地。瑞士对资本输出基本无限制，是国际资金的分配中心。

6.中国香港外汇市场——亚洲第三大外汇交易中心

中国香港是自由港，是远东地区重要的国际金融中心，它在2007年的世界外汇交易排名中处于第六位，是亚洲第三大外汇交易中心。香港地理位置和时区条件与新加坡相似，可以十分方便地与其他国际外汇市场进行交易。

香港外汇市场是20世纪70年代以后发展起来的国际性外汇市场。自1973年香港取消外汇管制后，国际资本大量流入，经营外汇业务的金融机构不断增加，外汇市场越来越活跃，进而发展成为国际性的外汇市场。

第六节　保险公司一定保险吗

保险市场是金融市场的一种特殊形式，是保险商品交换关系的总和或者保险商品供给与需求关系的总和。它既可以指固定的交易场所，如保险交易所，也可以是所有实现保险商品让渡的交换关系的总和。保险市场的交易对象是保险人为消费者提供的保险保障，即各类保险商品。

保险的起源非常古老。公元前10世纪，以色列王所罗门就开始对其国民中从事海外贸易者，课征税金，作为补偿遭遇海难者所受损失之用，在某种意义上这已经是保险的雏形。但公认的保险最早出现于地中海的航海贸易中，较高的风险和高额的收益使得人们需要寻找一种能够均摊风险的手段，航海保险于是应运而生。13世纪，地中海一带的城市开始有了从事草拟和撰写保险契约的专业人员，意大利热那亚商人在1347年10月23日签发的船舶航运保险契约是迄今发现的一份最古老的保险单。

保险市场的参与者主要分为保险商品的供给方、需求方、中介方。

保险商品的供给方是指在保险市场上，提供各类保险商品，承担、分散和转移他人风险的各类保险人。他们以各类保险组织形式出现在保险市场上，如国有形式、私营形式、合营形式、合作形式等。

保险商品的需求方是指在一定时间、一定地点等条件下，为寻求风险保障而对保险商品具有购买意愿和购买能力的消费者的集合。保险商品的需求方就是保险营销学所界定的“保险市场”，即“需求市场”，它由有保险需求的消费者、为满足保险需求的缴费能力和投保意愿三个主要因素构成。

保险市场中介方既包括活动于保险人与投保人之间，充当保险供需双方的媒介，把保险人和投保人联系起来并建立保险合同关系的人，包括保险代理和保险经纪人；也包括独立于保险人与投保人之外，以第三者身份处理保险合同当事人委托办理的有关保险业务的公证、鉴定、理算、精算等事项的人，如保险公证人（行）或保险公估人（行）、保险律师、保险理算师、保险精算师、保险验船师等。

保险市场的类型有很多种分法：

（1）按保险业务承保的程序不同，可分为原保险市场和再保险市场。

① 原保险市场：亦称为直接业务市场，是保险人与投保人之间通过订立保险合同而直接建立保险关系的市场。

② 再保险市场：亦称为分保市场，是原保险人将已经承保的直接业务

通过再保险合同转分给再保险人的方式形成保险关系的市场。

（2）按照保险业务性质不同，可分为人身保险市场和财产保险市场。

① 人身保险市场：是专门为公民提供各种人身保险商品的市场。

② 财产保险市场：是从事各种财产保险商品交易的市场。

（3）按保险业务活动的空间不同可分为国内保险市场和国际保险市场。

① 国内保险市场：是专门为本国境内提供各种保险商品的市场，按经营区域范围又可分为全国性保险市场和区域性保险市场。

② 国际保险市场：是国内保险人经营国外保险业务的保险市场。

（4）按保险市场的竞争程度不同，可分为垄断型保险市场、自由竞争型保险市场、垄断竞争型保险市场。

① 垄断型保险市场：是由一家或几家保险人独占市场份额的保险市场，包括完全垄断和寡头垄断型保险市场。

② 自由竞争型保险市场：是保险市场上存在数量众多的保险人、保险商品，交易完全自由、市场供求规律充分发挥作用的保险市场。

③ 垄断竞争型保险市场：是大、小保险公司在自由竞争中并存，少数大公司在保险市场中分别具有某种业务的局部垄断地位的保险市场。

中国保险市场的历史并不长。保险是清朝末年随着列强们的坚船利炮进入中国的舶来品。由于特殊的历史原因，很长时间以来，中国的保险行业都被外商控制着。1949年10月20日，中国人民保险公司在北京成立，宣告新中国保险市场的建立。不久，随着中央政府认为人民公社制度已经完善，保险业已经完成了其历史使命，1958年12月，全国财政会议正式决定全面停办国内保险业务。这一停就是20多年，直到1979年，保险业才复业。到20世纪90年代，随着中国平安保险公司和中国太平洋保险公司的成立，加上原来的中国人民保险公司，中国保险业进入了三足鼎立的快速发展阶段。

中国保险市场的巨大潜力，对国际保险资本有着非同一般的吸引力，很多世界知名的保险公司已把在中国发展业务作为一个重要的战略来安排。

我国保险市场虽然处在快速发展的阶段，但依然存在一些需要完善的地方，主要表现在：有效供给不足，有效需求不足，总体处于低水平均衡的状态；国民保险意识相对较淡薄；保险法规尚需进一步完善；保险偿付能力监管和保险公司体制均有待完善。

第五章

做好企业资金管理，保证企业资金链的正常运转

第一节　融资成本的重要性

天底下不可能有免费的午餐，猪肉白菜炖粉条也不是想吃就能吃的。融资当然也要付出一定的融资成本，让我们来看看下面这个例子。

某公司是一家大型生产型公司。2008年6月，因资金短缺面临着被迫停产的危险。公司高层经过商议后，决定发行一部分债券来融资，以解决公司自有资金不足的问题。随后，该公司把此项融资协议委托给了一家金融机构，以10%的年利率向社会发行5000万元的债券。融资顺利进行，该公司筹集到了所需的周转资金，并随后支付了一定的费用给这家金融机构。这笔费用就属于上文我们所说的融资成本。

融资成本包括两部分：融资费用和资金使用费。融资费用是在筹资过程中发生的各种费用，资金使用费是指因使用资金而向其提供者支付的费用。上述案例中该公司支付给金融机构的费用就是融资费用，所要支付的债券利息就是资金使用费。这两部分费用加起来就是融资成本。

随着经济的发展，融资已成为企业筹集资金的必备手段，很多企业热衷于此。然而，天下没有免费的午餐，任何东西都是有成本的，融资也不例外。所以，企业在融资之前，先不要把目光投向各式各样令人心动的融资途径，更不要草率地做出融资决策。因为融资即意味着成本，融资成本既有资金的利息成本，还有昂贵的融资费用和不确定的风险成本。所以，在决定融资之前企业首先应该考虑：企业必须融资吗？融资后的投资收益如何？只有经过深入分析，确信利用融资方式所筹集的资金预期总收益要大于融资的总成本，才有必要考虑如何融资。

由于融资需要付出成本，因此在筹集资金时，首先要确定融资规模。

筹资过多，可能造成资金闲置浪费，增加融资成本；或者可能导致企业负债过多，偿还困难，增加经营风险。而如果筹资不足，又会影响企业融资计划及其他业务的正常开展。因此，在进行融资决策之初，要根据企业对资金的需要、企业自身的实际条件以及融资的难易程度和成本情况，量力而行来确定企业合理的融资规模。

那么，要怎么确定筹资规模呢？在实际操作中，可以选用经验法和财务分析法来确定筹资规模。

1.经验法

经验法是指企业在确定融资规模时，可根据企业内部融资和外部融资的不同性质，优先考虑企业自有资金，在自有资金不足的情况下可考虑外部融资，二者之间的差额即为应从外部融资的数额。另外，企业融资数额多少，通常还要结合企业自身规模的大小、实力强弱以及企业处于哪一个发展阶段，根据融资方式的特点，来选择适合本企业发展的融资方式。比如，已获得较大发展、具有相当规模和实力的股份制企业，可考虑在股票市场发行股票融资；属于高科技行业的中小企业可考虑到创业板市场发行股票融资；一些不符合上市条件的企业则可考虑银行贷款融资。再如，对初创期的小企业，可选择银行融资；如果是高科技型的小企业，可考虑风险投资基金融资；如果企业已发展到一定规模时，可发行债券融资，也可考虑通过并购重组进行企业战略融资。

2.财务分析法

财务分析法是指企业通过对财务报表的分析，判断企业的财务状况与经营管理状况，从而确定合理的筹资规模。这种方法比较复杂，需要有较高的分析技能，一般是在筹资决策过程中存在许多不确定性因素的情况下才运用。使用该方法确定筹资规模，一般要求企业公开财务报表，以便资金供应者能根据报表确定提供给企业的资金额，而企业本身也必须通过报表分析确定可以筹集到多少自有资金。

企业融资成本是企业融资效率的决定性因素，企业选择哪种融资方式影响很大。由于融资成本的计算要涉及多种因素，具体运用时有一定的难度。一般情况下，按照融资来源划分的各种主要融资方式，融资成本由低到高排列的顺序依次为：财政融资、商业融资、内部融资、银行融资、债券融资、股票融资。

这仅是不同融资方式融资成本的大致排序，具体分析时还要视具体情况而定。比如，财政融资中的财政拨款不仅没有成本，还有净收益，而政策性银行的低息贷款则有较少的利息成本。对于商业融资，如果企业在现金折扣期内使用商业信用，则没有资金成本；如果放弃现金折扣，那么，资金成本就会很高。再如对股票融资来说，发行普通股与发行优先股，融资成本也不相同。

第二节　债券融资是一种最为直接的融资方式

企业进行债券融资，其实就是企业为了经营的需要向投资者们借钱；投资者获得债券这种有价证券作为借钱的凭证，此凭证即是企业在未来还本付利的依据。

企业债券融资作为一种常见的融资方式，其以资金成本较低、不分散公司控制权，易于被投资者接受等优点而被企业普遍采用；同时，也因其投资风险小，收益稳定而受到众多投资者的青睐。

1.债券融资的优点

从企业融资的角度来看，债券融资主要有以下优点：

（1）融资成本低。按法定的财务准则，企业发行债券的利息支出作为企业的管理费用计入成本，这种制度增强了企业发行债券的动机。相对于股票融资而言，债券融资具有即冲减税基的作用，股息的支出则不能进入成本。

（2）保障股东控制权。债券持有人无权参与发行企业的经营管理决策，这既保障了股东的控制权，避免股权稀释，又便于主动调节财务结构。对于重视企业控制权的经营者很有吸引力。

（3）便于筹措大额资金。企业债券融资一般规模较大，期限较长，能充分满足企业的需要。

2.债券融资的缺点

当然任何事物都是两面的，债券融资也有着其缺陷：

（1）债券投资的财务风险相对较高。债券有固定的到期日，并需要支付利息，要承担按期还本付息的义务。当经营不善时，会给企业带来沉重的财务压力，甚至导致其破产。

比较而言，股票就不存在付息的问题；银行信贷，因为是企业与银行一对一协议，一旦出现还款问题，协商成本要比企业与散户一对多协议的债券低得多，而且相对来说，机构比散户在行为上会更加理智一些。

（2）限制条件严格。我国《公司法》规定，只有公司实力强，经济效益好的企业，方可发行债券融资。股份有限公司的净资产不得低于人民币3000万元，有限责任公司和其他类型企业的净资产不得低于人民币6000万元，而且累计债券余额不得超过企业净资产（不包括少数股东权益）的40%。这就使得公司发行债券融资既不能金额过低，也筹措不到金额更大的资金。

不仅如此，为了保证投资者的权益，国家还规定，企业发行债券必须达到最近三年连续盈利，而且净利润必须足以支付企业债券一年的利息。这点也把很多的企业关在门外。

企业发行债券筹集资金时首先必须考虑债券发行的条件，这些条件包括：发行额、票面利率、市场利率、发行价格、是否记名、担保情况、债券期限、偿还方式等。其中票面利率、发行价格、债券期限是债券市场的三要素，也是影响债券筹资决策的重要因素。

债券的票面利率是指债券发行人预计向投资者支付的利息占票面金额的比率。票面利率的高低直接影响着发行人的筹资成本和投资者的投资收益，因此企业应根据自身资信情况和承受能力来决定。票面利率的高低在某种程度上不仅体现了发行人的经济实力，而且也是吸引公众购买的重要因素。

发行价格是债券的出售价格或购买价格。债券面值不一定就是发行价格。发行价格很大程度上影响着投资者的购买量。

债券期限是指从债券的计息日起到偿还本息日止的时间。债券期限对债券发行有两方面的影响。一方面，企业可根据未来市场利率走势等确定债券的期限结构：当资金需求量较大，利率有上升趋势时，可发行中长期债券；否则，应发行短期债券。另一方面，企业可根据不同时期对资金需求不同的原则，制定证券发行政策：溢价发行债券，其价值随债券到期时间的临近而减少；折价发行债券，其价值随债券到期时间的临近而增加；平价发行债券，其价值不随债券到期时间的临近而变化，始终等于面值。

除此之外，企业在发行债券前，还应充分考虑债券种类、发行时间和委托的发行机构。

债券种类的选择是企业发行债券之前首先应考虑的问题。发行债券的种类选择主要要考虑企业的资信状况、企业形象、企业的性质以及债券筹资的用途等。如果企业已被资信评级机构评为信用级别较高的企业，或者企业的信誉和经济效益在投资者心目中形象较好，则企业可选择发行信用债券；如果向社会公开发行，但投资者对发行企业还比较陌生，为了表示偿还债务的可靠性，则可以发行抵押债券或担保债券；如果发行企业是股份制企业，并且预期经济效益较好，则可以发行可转换债券。

选择适宜的债券发行时间，对于企业降低筹资费用，完成筹资计划，提高资金使用效益和保持适宜的资金成本均有重要意义。企业在选择发行时间时，应主要考虑两个因素：一是发行时间与企业经营或投资项目用款的进度应该相协调。发行时间过早，会造成资金闲置，增加投资成本；发行时间过晚，资金需求得不到满足，会影响正常经营活动。二是发行时间应选在投资大众对债券购买力比较旺盛的时候，这就需要考虑市场上的债券品种数量、投资热度等情况。

选择一家合适的证券代理发行机构，将有助于企业债券发行的顺利完成。选择发行机构应考虑如下因素：首先，发行机构的经营状况。信誉好、社会影响大，能提供优质服务的金融机构所代理的债券，比较容易得到投资者的认同。其次，手续费高低。企业应该选择手续费较低同时又能保证服务质量的发行机构。再次，发行机构的工作经验。经验丰富的发行机构对债券的发行程序、业务活动的组织以及市场状况等都较为熟悉，并能对发行工作中可能出现的问题进行充分估计并妥善解决。最后，发行机构的网点设置情况。网点数量多、覆盖广的发行机构，客户规模也更庞大，因而发行效率也更高。

第三节　企业股权与资金使用权之间的关系

股权融资属于直接融资的一种。所谓股权融资是指企业的股东愿意让出企业部分所有权，通过企业增资方式引进新股东的融资方式。股权融资所获得的资金，企业无须还本付息，但新股东将与老股东共同分享企业的盈利与增长。股权融资的特点决定了其用途的广泛性，既可以充实企业的营运资金，也可以用于企业的投资活动。长期以来，人们都认为股权融资是大企业的事，与中小投资者、小本创业者不相干，其实情况并非如此。这种融资方式对于中小投资者来说，也是一种较为现实和便捷的融资方式。

2004年，张毅到云南旅游，被云南的工艺品所吸引，回北京后，张毅拿出了自己积攒的10万元钱，开了一家云南工艺品店。经过张毅的努力经营，小店最终赢得了不错的口碑。

2007年，张毅想继续做连锁店，但他发现自己面临着一个资金短缺的问题。这种情况下，张毅想到了融资。

在经过一番“算计”之后，张毅决定让出小店45%的股权来为自己融资。随后，张毅在报纸上刊登了自己寻找投资人的意向。经过一个月的选择，张毅选择了一个和自己一样有着云南情结的人作为自己的合伙人。经过融资，张毅的云南工艺品小店终于得到了长足的发展。

可见股权融资并不只是大企业的专利，小企业甚至是小本创业者同样适用，但是在进行股权融资时，需要注意的是对企业控制权的把握。

1998年，张冀光创办中国企业网，1999年9月被当时的中国数码收购了80%的股份。融资后，张冀光担任总经理，对方另派一人担任董事长。2003年8月，中国企业网更名为中企动力科技股份有限公司，进入上市辅导期。而2004年春节以后，一直与该董事长保持良好合作关系的张冀光发现双方的矛盾越来越大，对方所派董事长要求公司发展更快、盈利能力更强，但张冀光认为企业的发展速度已经比较快了。

2004年3月29日，该董事长签发了一纸董事会决议，宣布罢免张冀光总经理的职务。事情发生后，张冀光认为该董事长要自己离开的方式是不合法的，称当天并没有召开任何会议并且某董事签名是伪造的，该董事会决议无效，并为此对簿公堂。结果，张冀光的请求被法院驳回，失去了对公司控制权的张冀光后来还是不得不离开了自己一手创办的中国企业网。

在争夺创业企业控制权方面，也有一个非常成功的例子，就是当当网的李国庆及其团队，他们利用巧妙的战术，达成了自己绝对控股当当网51%的心愿。

当当网于1999年年底成立，当时国内互联网公司大多都赔钱。在很多投资者看不到胜利希望的时候，当当网却在2002年实现了营收的基本平衡，并在2003年实现了完全盈利。公司的现状让李国庆开始为争取当当网的控股权而努力。

为顺利夺得公司控股权，李国庆采取了正确的策略。这体现在两个方面：第一，2003年6月，当公司全面盈利已经成为现实的时候，李国庆向当当网的三大原始股东美国数据集团、卢森堡剑桥、日本软银提出让股东奖励创业股份的要求，希望将增值部分的50%分给管理团队作为奖励。但是这一计划遭到了三大原始股东的强烈反对，他们认为李国庆要价太高。李国庆当即采取了一个措施，马上宣布将另起炉灶，做一个与当当网竞争的公司，并随即将这一消息广泛传播，给对方一个“此事已定，没有商量”的印象。由于当当网是由李国庆与其创业团队一手做起来的，三大原始股东一直都未插手经营，对网上书店不熟悉，对中国市场也缺乏了解。他们深知，李国庆及其团队一撤退，刚刚步入盈利阶段的当当网必垮无疑，相比给予李国庆及其团队以“创业股份”的奖励，让对方成为控股大股东，当当网垮掉的损失将会更大。

第二，当时美国老虎基金亦看好当当网的前景，准备入股。老虎基金不希望丢失当当网原来的管理层团队，不希望李国庆带领团队离开当当另起炉灶，与当当展开竞争。李国庆就利用这一有利形势，推动老虎基金出面与当当网的三大原始股东美国数据集团、卢森堡剑桥、日本软银进行谈判。最后三方达成协议，由老虎基金出面，向美国数据集团、卢森堡剑桥、日本软银购买了一部分当当网的股份，转赠给李国庆及其管理团队。

李国庆的这种做法可谓是一石三鸟。第一，当当网的三个原始股东获得了“就坡下驴”的机会，并通过老虎基金获得了相当的股权溢价套利；第二，老虎基金由此获得了进入当当网的机会，补全了在中国的投资产品线；第三，也是最重要的，李国庆及其团队如愿以偿，由原来45%的股份增至51%，获得了当当网的绝对控股权。

对此，李国庆说："一定要绝对控股，没有51%绝对不行！企业不是由资本创造的，而是由企业家创造的！如果不控股，人人都有可能被董事会开掉。"

李国庆的这个案例，为很多年轻人在创业之初如何更好地利用股权融资树立了典范，是值得很多年轻创业者学习的榜样。

我们反复说创业者在股权融资的时候一定要重视对企业的控制权，其实说到底对企业的控制权是为了保护创业者的利益。年轻人自己创业，除了赚钱，更多的则是圆自己的梦想，是为了实现自己的理想和抱负，对自己一手创办的企业有着深厚的感情。而中途加入的投资者，大多是因为有利可图，其最终目的就是为了赚钱。由于两者的目的不同，这使得双方看问题的角度和出发点也存在很大差异，也容易由此引起矛盾。在张冀光的案例中，我们可以清楚地看到这一点。因为双方的目的不同，投资者可能更热衷于变现、急于看到以现金为形式的努力成果，那么，在融资过程中，他们可以不重视企业的控制权。而对于想做一番事业、在创办企业过程中寄托了自己理想的创业者，就不能不重视企业的控制权。像上文所提到的当当网的案例一样，对于李国庆而言，它不仅是自己赚钱的工具，更是自己梦想实现的依托，只有掌握了控制权，才能让自己心中所描绘的蓝图成为现实。

第四节　企业发展中最为重要的是资金链的正常运转

"烂尾楼"相信大家都见过，就是那些开工了很久还没修好的楼盘。"烂尾楼"之所以"烂尾"，原因虽然多种多样，但最主要的原因是"钱"实在跟不上了，不然付出了心血的开发商们怎么可能愿意在最后一刻功亏一篑呢？

这就牵扯到公司业务里非常重要的一环——“资金链”了。资金链简单说来就是“现金—资产—更多现金”的循环，这就是企业经营的过程。企业要维持运转，就必须保持这个循环不断地良性运转。

过去巨人集团史玉柱的失败，后来的德隆集团、三九集团的倒闭，原因都惊人地相似——资金链断裂，导致企业经营失败。让我们来简单回顾一下“德隆模式”覆灭的过程，以此为例简单讲解下资金链对于企业运营的重要性。

“德隆模式”最核心的部分就是“产业整合”。简单地说，就是以资本运作为纽带，通过企业购并整合传统产业，为传统产业引进新技术、新产品，增强其核心竞争力；同时，在全球范围内整合传统产业的市场与销售通道，积极寻求战略合作，提高传统产业产品的市场占有率和市场份额，最终达到超常规发展的目的。

应该说，这一思路并没有错。事实上，德隆模式在这方面也做了大量的探索，并取得了一定成效。

例如，德隆公司在入主“湘火炬”后，通过一系列行业并购，使得后者的主营业务收入在6年时间里从原来的1.24亿元增长到103.1亿元，增长了82倍。令人遗憾的是，德隆公司的步子迈得太快，太过于理想化，以至于最终资金链断裂，葬送了自己的大好前途。

1986年，唐氏兄弟和几个朋友一起下海经商，开设了一家“朋友彩扩社”。1992年成立乌鲁木齐德隆实业公司，并且进军北京，开了一家当时北京很有名的迪斯科舞厅，该舞厅1993年利润超过3000万元。

后来，唐氏兄弟又在股市投入大笔资金，通过购买股票认购证、原始股并参与二级市场炒作，赚取了大量现金。

终于，他们看中了地处湖南、股价偏低、盘子较小的“湘火炬”大肆建仓，很快就控制了该股70%的流通盘，最后从中获得了10亿元以上的账面利润。

这时候他们清醒地认识到，手中有了这笔巨额资金必须搞实业，这样心里才会感到踏实。于是，他们准备开启一条“投资上市公司——输出一个战略——通过增资扩股融资收购——整合传统产业市场”的路子，希望通过龙头企业来整合传统行业，而资本市场只是运作行业的切入点。

1997年5月，德隆公司在北京召开会议，决定把投资理念从“项目投资”向“行业投资”转变。紧接着，唐氏兄弟打响了入主“新疆屯河”“合金投资”“湘火炬”三家上市公司的三大战役。2001年，德隆实业公司更名为德隆国际战略投资有限公司，进一步明确了战略方向。应该说，从早期中国股市中挖掘到第一桶金的人不少，可是能像唐氏兄弟那样“挖掘出”一家正规战略投资公司的却很少。

以唐氏兄弟在上海浦东新区注册成立注册资本5亿元的德隆国际战略投资有限公司为标志，经过十多年的发展，该公司已经逐步形成以传统产业的区域市场、全球市场为目标的重组与整合能力，通过收购、兼并企业，引进新技术、新产品和先进的管理资源增强公司的竞争力。

与此同时，唐氏兄弟又在全球范围内积极寻求战略合作伙伴，与行业领导企业、领导人物结成战略联盟，追求行业市场高份额，谋求成为中国传统产业新价值的发现者和创造者，从而推动中国传统产业的振兴。

当唐氏兄弟将目光转向纺织业时，新疆伊犁地区有三家亚麻企业正面临破产，于是唐氏兄弟拿出2亿元人民币收购了这三家企业。

由于这些企业有现成的市场、生产工艺、产品渠道，再加上政策优势，所以唐氏兄弟在2001年6月成立了新疆伊犁天一实业有限公司，这也意味着该公司正式进军纺织业。

2002年9月，唐氏兄弟与新疆喀什地区供销社签订协议，以整体收购整合的方式，一口气吞下该地区10个县的棉麻、棉纺织品有限公司。

至此，德隆国际战略投资有限公司已经拥有全国最大的亚麻种业公司，用于培育新型优质亚麻种系，以及拥有麻种植、麻加工、麻纺、棉纺、毛纺等大纺织业的基本构件。

业内人士都知道，棉纺织业并不是德隆公司的主导产业，可是为什么他们会走这一步棋呢？

原来，德国有一位投资者非常热衷于投资荨麻制品，他通过查找地图发现，我国新疆的伊犁河谷非常适合种植荨麻，于是他就通过德隆国际战略投资有限公司欧洲公司的渠道进行接触。

正是从这一信息中，唐氏兄弟觉得，既然新疆是种植荨麻的好地方，而纺织业又是中国的传统产业，更是新疆的基础产业，有着非常良好的发展基础；与此同时，中国在原料、劳动力方面肯定要比德国更具有优势，而亚麻行业在整个纺织业中的比重还不到1%，整合难度和风险都很低，而一旦整合成功，就能顺利进入棉纺、毛纺等相关产业，那为什么他们自己不做而要和德国人去合作呢？

基于这样的考虑，德隆公司迅速调整战略，把新疆的棉花产业和纺织业纳入到投资规划中，所以有了上述举措。

总体上看，德隆公司在2003年前的主要整合对象是汽车配件、水泥、食品、金融等产业，2003年后把战略主攻方向转向农村流通服务、旅游、金融服务、自然资源等产业。除了上市公司外，还有大量的非上市企业，比较大的12家非上市企业中有5家年销售额超过了10亿元。

2003年8月，德隆公司旗下的“湘火炬”受让“航天华晨”50%的股权，从而开始了与“航天华晨”旗下整车制造企业雷诺公司的合作，开始进军汽车业。德隆公司踌躇满志地认为，只要有3~5年时间，他们就会进入世界500强企业行列。

德隆公司进入上述产业，基本上是靠着兼并收购的方式，并且控股程度在70%以上，这使得它手中的流动资金极其匮乏。一旦遇到银根抽紧，很容易发生资金链断裂。于是当2001年中国股市出现“股灾”时，德隆公司无法继续从股市上融资，终于由盛转衰。

2004年4月14日，德隆公司为了套现，居然杀鸡取卵，干脆将其所控股的3家上市公司全部“打”到了跌停。

2006年4月29日，德隆模式的三家核心企业中，新疆德隆集团有限公司与德隆国际战略投资有限公司，因为“操纵证券交易价格罪”各被处以50亿元巨额罚款，上海友联管理研究中心有限公司则因为“非法吸收公众存款罪”被罚款3亿元，被称为新中国成立以来最大的金融证券案件。

德隆模式的核心是产业整合，其原本是一种资金利用率非常高的运营手法，因为它能通过杠杆作用充分利用资本市场的融资功能发展、壮大自己。然而应当看到的是，产业整合要特别注重资金的充裕性，宁可走得慢一些，也要扎实一点。德隆公司的主要问题就在于，它每年都有超过5亿元人民币的资金缺口需要用银行贷款弥补。当然，除此以外，民营企业在宏观政策面上把握不够的天然局限性，也是一个重要原因。另外，产业整合在结构上要能取长补短，尤其是在投资节奏的长、中、短期方面达到平衡。如果长期投资比重过高，就必定会影响资金链。而资金链断裂的后果就是企业无米下炊，先前所有的固定资本投资都只能空置。

第五节　金融体系与融资结构

在开始本节之前，有一个奇怪的问题涌上了笔者心头。如果你面前放着一盆猪肉白菜炖粉条，那么你会按照什么样的顺序来吃呢？是先把所有的猪肉吃光，还是先把所有的粉条吃光，抑或先把所有的白菜吃光？也许，是一口白菜，一口粉条，一口猪肉混合着吃？

之所以又回忆起这个问题，是因为企业也会经常面对相似的处境。在上一节我们了解了资金对于一个企业的作用，那么融资的极端重要性也就不言而喻了。现实中，融资的手段之多，早已超越了猪肉白菜炖粉条的复杂度，起码是东北乱炖了。究竟哪一种适合自己呢？这就牵扯到了金融学中的企业融资结构的问题。

在企业融资结构的理论中，啄食顺序原则是不可不提的。这个原则是20世纪60年代初美国哈佛大学教授戈顿·唐纳森最早发现的。他在对企业如何建立资本结构进行了一项广泛调查后，发现企业在安排资本结构时会按照以下次序来进行：

（1）企业内部产生的资金，如留存收益、折旧基金等。

（2）如果有剩余留存收益，会用于购买证券或偿还债务；如果没有足够的剩余留存收益来支持不可取消的投资项目，会出售部分有价证券。

（3）如果需要外部筹资，会首先选择发行债券，然后才是发行股票。

（4）企业留存收益加上折旧，如果能适应资本性支出，那么就会根据未来的投资机会和预期未来现金流，来确定目标股利的发放率。

（5）企业一般会保持现金股利的刚性，尤其是不愿意削减股利让股东感到不满意。

这表明，企业筹资一般都会遵循先内源融资，后银行贷款，然后发行债券，最后才是发行股票这样一种融资顺序，这就是戈顿·唐纳森教授所称的筹资“啄食顺序”。

这里的“内源”是指企业内部资金，相应地，外部资金叫“外源”。西方财务学认为，企业在把留存收益的一部分用于分红后，剩余部分就应该用于企业扩大再生产，这就是内源融资。那么，为什么要首先考虑内源融资而不是向外举债呢？这主要是考虑企业将来的长远发展问题。

例如，由于是内源融资，肥水不流外人田，所以该企业将来的控股权、资金使用权、利润分配权等仍然全部或基本上掌握在原有股东手里。从长远看，公司的经营管理、发展步子会走得很稳。

明白了这一点就容易理解，资本主义国家的股市虽然已经发展了几百年，可是自20世纪80年代以来，为什么国际资本市场上反而出现了以债券融资取代股票融资的融资主渠道模式。从发达国家的融资实践来看，内源融资在企业全部资金来源中占有很大比重。具体数据是，1970~2003年美国企业的内源融资占全部资金来源比重的66.9%，英国这一比例是72%，德国的这一比例是55.2%，加拿大是54.2%。到2003年，美国大多数公司已经基本停止股票融资，相反却在发行债券回购股票。发行债券成为大多数美国企业外部筹资的主渠道。

然而在我国，“啄食顺序”原则完全被颠倒了过来。例如，我国证券市场建立以来，至今仍然步履维艰；不过，股票融资规模则要大大高于企业债券融资规模。与股票融资相比，债券融资根本不值一提，内源融资也就更不用说了。

有人把这种现象归结为“圈钱饥渴症”。一方面，全国数以亿计的股民心甘情愿地成为“圈钱饥渴症”的目标对象；另一方面，“圈钱饥渴症”又显然违反了啄食顺序原则，这在传统金融学原理上是无法解释或者很难解释的。真正能够解释这一现象的，应该是行为金融学。

行为金融学在证券发行、资本结构、投资等公司财务领域进行分析的基本理论框架是市场时机理论。最早是斯坦因1996年在《非理性世界中的理性资本预算》一文中首先提出的。他认为在公司财务中，市场时机就是在股票价格高的时候发行股票、在股票价格低的时候回购股票。大家看一看中国股市是不是这样？每当股市高涨时，新股发行速度就大大加快；每当股市低迷时，新股发行速度也就减缓。

行为金融学的一个基本观点是“股市如赌场”。它假设投资者是非理性的，而上市公司是理性的。

其原因在于：首先，股民和上市公司之间存在着严重的信息不对称，这决定了投资者的理性是很有限的；其次，由于投资者个人的资金实力有限，在股票市场上只能随波逐流，所以很容易受股票市场波动的影响，很容易受情绪等心理因素的干扰，从而产生羊群效应，促使股市中产生错误的价格定位。

与股民个人的这种盲目性相比，上市公司的决策往往建立在调查研究和专家讨论基础之上，所以相对来说比较客观，能够在一定程度上消除情绪等心理因素的干扰。所以，上市公司看到股票价格由于股民非理性化的推动到达了一个相对高位，就会自然而然地采取发行新股的办法，以便从这种被股民亢奋而推高的过高股价中得到好处。

那么，这时候上市公司趁机发行股票，股民为什么还会追涨买入呢？这就要用到卡尼曼、特维尔斯基的前景理论来解释了。

1979年，他们最早描述了前景理论的基本内容，认为人们对相同情境的反应，取决于他是盈利状态还是亏损状态。研究发现有这样两条结论：一是投资者在投资亏损1元钱时的痛苦程度，是投资盈利1元钱时高兴程度的2倍；二是每一位投资者对相同情境下的不同反应，取决于他目前是盈利还是亏损。

举例说，如果某股票现在的价格是每股10元，股民甲的买入价格是每股11元，股民乙的买入价格是9元，这时候这两位股民对该股票的反应是非常不同的。具体地说，当该股票价格上涨时，股民乙会坚决持有，因为这时候对于他来说盈利是越来越多；而对于股民甲来说，他的这种坚决态度就会大打折扣，很可能会在股价上涨到每股11元左右时抛出解套。这就是为什么股票价格上升时会有大量抛盘涌出的道理。

相反，当该股票价格下跌时，这两个人的操作心理恰恰相反。当股票价格跌向每股9元时，原来买入价为每股9元的股民乙会因为担心亏损而卖出股票；而原来买入价为每股11元的股民甲虽然亏损更大了，可是他反而会将股票死死捂在手里不卖，或者继续买入该股票（俗称“补仓”），从而使得股票价格跌不下去。应该说，这时候的股民甲采取这一举措是很正常的，因为他害怕发生亏损。只要他一卖出股票，亏损而就变成了现实；而只要他持股不动，所谓亏损就只是账面亏损，他的心里会好受一些。更重要的是，这时候的股民甲会千方百计寻找各种有利消息和理由为自己辩解，目的是要增强持股信心。

对于大多数股民来说，他们都是行为投资者。也就是说，他们的投资理念不总是理性的，也不善于回避风险，这就决定了在股市投资中带有很大的盲目性。尤其是在信息不对称环境下，所谓的投资决策会更多地建立在对历史数据的分析基础之上；面对大量的历史数据，他会专门从中选择符合自己偏好、预期的数据为己所用。

即使面对同样的数据，不同的投资者也会做出不同决策；即使大家的观点完全相同，也会带来一系列问题。

例如，当大家都认为在一级市场上打新股，然后在二级市场上抛出必定会获利颇丰时，于是就会都去打新股，从而导致新股发行的中签率极低。这也是一种风险，大家变相地成为“圈钱饥渴症”的目标对象。

斯坦因的研究表明，上市公司不会把从股票市场上新募集到的资金真正用于公司投资中去，而会把这些资金以现金形式保存在账面上，或者在股票、债券市场上用于其他价格相对合理的证券投资，这与许多投资者的愿望恰恰相反。

中国上市公司由于法人治理结构不完善、管理层股票期权机制缺乏等原因，上市公司管理层往往不会去考虑如何使公司内在价值最大化，而会把更多精力放在如何使自身利益最大化上来。

显而易见，这时候上市公司管理层的决策也是不理性的，最常见的就是千方百计发行股票、债券，以外源融资来扩大企业规模，塑造自己的优良“业绩”。而这既是违反啄食顺序原则的真实原因，也是“圈钱饥渴症”的内在原因，更是中国股市上种种怪现象层出不穷的根本原因。

第六节　常见的银行贷款有哪些

股权融资和债券融资都是看起来很美，实则有很多限制的融资方式。绝大多数中小企业只能望洋兴叹，根本不得其门而入。而银行贷款则能满足这一部分企业的资金需求。当然，银行贷款也是大企业经常采用的融资方式。

银行贷款是指银行以一定的利率将资金贷放给资金使用者，并在约定期限内收回本金和利息的一种经济行为。

从获得资金的途径来看，债券融资与股票融资一样，同属于直接融资，而银行贷款则属于间接融资。在直接融资中，需要资金的部门直接到市场上融资，借贷双方存在直接的对应关系。而在间接融资中，借贷活动必须通过银行等金融中介机构进行，由银行向社会吸收存款，再贷放给需要资金的部门。

而从资金的来源角度来看，贷款融资和债券融资都是债权融资，而非股权融资，这样的资金不会稀释企业经营者对企业的控制权。就债权融资而言，由于目前我国资本市场还不够完善，直接融资渠道还比较狭窄，银行贷款依然是企业债权融资最常见的一种方式。

银行贷款在企业所有融资渠道中所占比重是最高的。企业对融资的需求不同，对融资渠道的选择就不同。如果需要一种风险低、成本小的资金，银行贷款是最合适的。建立良好的银企关系，合理利用银行贷款，是企业，特别是中小企业解决资金困难、取得经营成功的重要手段。

1.银行贷款的特点

作为一种有着悠久历史的融资方式，它具有如下特点：

（1）银行贷款的主要条款制定只需取得银行的同意，不必经过诸如国家证券管理机构等部门的批准，手续较为简单，融资速度快。

（2）在经济状况发生变化的情况下，如果需要变更贷款协议的有关条款，借贷双方可以灵活地协商处理。相比之下，债券融资因债券持有者较为分散，谈判成本要高得多，谈判周期也会长得多。

（3）银行贷款由借、贷双方直接商定贷款条件，无需做广泛的宣传与推广，无需大量的文件制作，因而融资成本较低，且借款利率一般低于债券融资的利率。

（4）银行贷款利息可以计入成本，取得所得税前抵减效应，从而相对减轻企业税负。

俗话说得好，“没有规矩，不成方圆”。毫无疑问，银行为了保护自身的财产安全和降低经营风险，保证存贷款的正常流转，一般都要制定相应的保护性条款，包括一般性保护条款、例行性保护条款和特殊性保护条款，这自然就构成了对使用贷款的约束。也就是说，银行信贷并不是无条件就能随便得到的。

根据中国人民银行《贷款通则》的规定，借款人应当是经工商行政管理机关（或主管机关）核准登记的企（事）业法人、其他经济组织、个体工商户或具有中华人民共和国国籍的具有完全民事行为能力的自然人。

2.企业贷款的条件

企业申请贷款，必须具备以下条件：

（1）企业须经国家工商管理部门批准设立，登记注册，持有营业执照。一般来说，经县以上工商行政管理部门批准设立，依法登记注册，持有营业执照的企业，都可以取得银行贷款。

（2）实行独立经济核算，企业自主经营、自负盈亏。实行独立经济核算就是企业有独立从事生产、商品流通和其他经营活动的能力；有独立的经营资金、独立的财务计划与财务报表；能依靠自身的收入来补偿支出，独立地计算盈亏，独立对外签订购销合同。只有这样，公司才有偿还能力，保证贷款安全。

（3）有一定数量的自有资金。这是企业从事生产和经营活动的重要条件。自有资金水平的高低，是企业自我发展能力大小的决定性因素之一，也是衡量企业风险承受能力和偿还债务能力的重要条件。自有资金不足，一旦发生损失，必然危及银行贷款，使信贷资金遭受损失。

（4）遵守政策法规和银行信贷、结算管理制度，并按规定在银行开立基本账户和一般存款账户。

（5）产品有市场。企业所生产经营的产品必须是市场需要的、适销对路的产品。

（6）生产经营有效益。

（7）不挤占挪用信贷资金。企业应按借款合同中规定的用途使用贷款，不得随便改变用途，挤占挪用信贷资金。

（8）恪守信用。企业取得贷款后，还必须严格履行贷款合同规定的各项义务，如按规定用途使用贷款，按合同规定的期限、利率还本付息等。

除上述基本条件外，企业申请贷款，还应符合以下要求：有按期还本付息的能力；原应付贷款利息和到期贷款已清偿，没有清偿的已经做了贷款人认可的偿还计划；除自然人和不需要经工商部门核准登记的事业法人外，应当已在工商部门办理了年检手续；已开立基本账户或一般存款账户；除国务院规定外，有限责任公司和股份有限公司对外股本权益性投资累计额未超过其净资产总额的50%；借款人的资产负债率符合贷款的要求；申请中期、长期贷款的新建项目的企业法人所有者权益与项目所需总投资的比例不低于国家规定的投资项目的资本金比例。

随着我国商业银行等金融机构逐渐从贷款额度管理改为资产负债管理，金融机构对中小企业的贷款更为小心谨慎，同时由于在竞争日益激烈的市场经济中，企业经营存在着更高的经营风险和信用风险，因此，中小企业通过银行融资还是有一定难度的。因此，中小企业应学会充分利用各种融资工具，提高自身融资能力。商业银行能够提供的融资工具、结算产品在不断丰富，融资方式趋向多元化，企业也应学会有针对性地选择，以降低资金成本，提高经营效益。

第六章

熟识各个金融机构，读懂潜在的金融逻辑

第一节　美国联邦储备银行是什么性质的银行

中央银行是要代表政府管理银行的，那么如果你听说有一个国家的中央银行竟然是私人所有的，你会有何感想？这是不是说明私人就可以印钱了？这个国家的经济是不是会全部乱套？其实不然，美国现在还是世界上最强大的国家，而美国联邦储备银行的确是一家私人持股的银行。

当然，严格来讲，美国联邦储备银行并非美国中央银行本身，而只是美国中央银行的一个组成部分而已。在美国，美国联邦储备系统（Federal Reserve System，简称Fed）负责履行美国的中央银行职责，这个系统是根据《联邦储备法》（*Federal Reserve Act*）于1913年成立的。该系统主要由联邦储备委员会、联邦储备银行及联邦公开市场委员会等组成。

联邦储备系统的核心机构是联邦储备委员会（Federal Reserve Board），全称为联邦储备系统理事会（The Board of Governors of The Federal Reserve System），也可称为联邦储备系统管理委员会。它是一个联邦政府机构，其办公地点位于美国华盛顿特区（Washington D. C.）。该委员会由七名成员组成（其中主席和副主席各一位，委员五名），委员须由美国总统提名，经美国参议院批准方可上任，任期为十四年（主席和副主席任期为四年，可连任）。

联邦储备银行（Federal Reserve Bank）包括12家银行，是按照1913年国会通过的《联邦储备法》建立的。该法把全国划分为12个储备区，每个区设立一个联邦储备银行分行。每家区域性储备银行都是一个法人机构，拥有自己的董事会。会员银行是美国的私人银行，除国民银行必须是会员银行外，其余银行是否加入全凭自愿。加入联邦储备系统就由该系统为会员银行的私人存款提供担保，但必须缴纳一定数量的存款准备金；对这部分资金，联邦储备系统不付给利息。

联邦公开市场委员会（The Federal Open Market Committee）是联邦储备系统中另一个重要的机构。其主要工作是利用公开市场操作（主要的货币政策手段之一）来调节市场上货币的流通量。另外，它还负责决定货币总量的增长范围（即新投入市场的货币数量），并对联邦储备银行在外汇市场上的活动进行指导。

在西方各国的中央银行发展史上，美国建立中央银行所花费的时间最长，遇到的挫折也最大。由于受自由市场经济思想的影响，20世纪以前，美国人对建立中央银行一直抱有敌意。出于对中央银行垄断金融和货币大权的担心，美国政府两次建立中央银行的行动都以失败而告终。

1791年，美国成立第一国民银行，资本金1000万美元，其中政府出资20%，私人出资80%。营业期限为20年，并开设八家分行。其主要业务是发行货币、接受政府存款和向政府提供贷款以及办理票据贴现和接受私人存款；同时通过拒收过度发行的州立银行券或要求发行银行兑换黄金，达到管理州立银行、整顿货币发行纪律的目的。第一国民银行对政府存贷款业务的垄断以及对州立银行的限制引起了普遍的不满和反对。1811年，美国第一国民银行的经营许可期满，美国国会以一票之差否决了第一国民银行的展期申请，第一国民银行被迫解散。

1812年，第二次美英战争爆发（第一次是美国独立战争），美国各州立银行纷纷给政府贷款，造成货币泛滥、物价疯涨。为了整肃金融秩序，1816年，美国国会给美国第二国民银行颁发了经营许可证。第二国民银行的资本金为3500万美元，联邦政府持股20%。由于第二国民银行的职责和权限与第一国民银行基本相同，因而它也难逃再次被解散的命运。1836年，安德鲁·杰克逊总统否决了美国第二国民银行延长经营期限的请求。

此后，一直到美国联邦储备系统建立，美国才真正拥有了严格意义上的中央银行。

回到开头的话题。之所以有人说美国联邦储备银行是私人性质的，是因为它分布在美国各地的12家分行的资金，全都来源于会员银行，而没有一分钱来自联邦政府。这些会员银行都是私人所有的银行（美国有8000多家商业银行，全都是私人银行），此外还有少数外国银行（其中就包括中国银行）。

然而，拥有联邦储备银行的股份完全不同于拥有私营公司的股份。联邦储备银行不是为了盈利而运作的，根据法律，拥有它一定数量的股份是成为联邦储备系统成员的必要条件。这些股份不可以被出售、交易或者作为贷款抵押；根据法律，其股份的红利每年被控制在6%以内。这种支付给会员银行的红利，被认为是对联邦储备银行持有会员银行的法定准备金而不支付利息的部分补偿。因为美国银行依法必须持有一定的准备金，其中大部分保存于联邦储备银行的账户上，联邦储备银行不向这些准备金支付利息。

同时，联邦储备银行的运作，也完全不同于私营公司的运作，股东并没有管理和决策的权力。并且，联邦储备银行只是美国的中央银行——联邦储备系统的组成部分之一。联邦储备系统是一个政府部门内部的独立实体，服从于包括信息自由法和隐私法在内的覆盖联邦机构而不是私营公司的法律。联邦储备系统虽然必须在政府建立的经济和金融政策的总体框架下工作，但是，由于它是从美国国会获得权力，因此被看作是独立的中央银行，故其决议无需获得美国总统或者立法机关任何高层的批准。它也不接受美国国会的拨款，其委员任期也跨越多届总统及国会任期。当然，联邦储备系统必须服从美国国会的监督，后者定期观察其活动并通过法令来改变其职能。

通过上面的分析，我们现在应该已经很清楚了。美国的中央银行不能算是通常意义上所讲的“私人”的银行。

现在再来看美元又是如何发行的。美国政府并没有发行货币的权力，如果要想得到美元，就必须用美国政府今后才能收取的税收收入通过发行国债的办法抵押给美国联邦储备委员会；然后，美国联邦储备委员会根据政府申请，再考虑发行“美联储券”，这就是人们通常所称的“美元”。

近百年来，美元的发行一直没有“乱套”，并且经受了两次世界大战、无数次金融危机的考验。可见，在严格的制度制约下，美国联邦储备系统的运转效率非常高，而且相当稳健。

第二节　商业银行：信用中介

简单地说，商业银行是以经营工商业存、放款为主要业务，并以获取利润为目的的货币经营企业。在我国，商业银行包括全国性的银行，比如“工、农、中、建”四大国有银行，还有北京银行、宁波银行、上海银行、徽商银行等地方银行和以花旗银行、汇丰银行等为代表的外资银行。

其实，商业银行也是企业，不过是一种特殊的企业。它和工商企业一样，经营目的都是为了获取利润。而所谓“特殊”，指的是商业银行的经营对象不是普通商品，而是货币；商业银行业务活动的范围不是生产流通领域，而是货币信用领域；商业银行不是直接从事商品生产和流通的企业，而是为从事商品生产和流通的企业提供金融服务的机构。

和其他金融机构相比，商业银行也有其特殊性。它能够吸收活期存款，创造货币。这使得商业银行具有特殊的社会职能，它们的活期存款构成货币供给或交换媒介的重要组成部分，也是信用扩张的重要源泉。

商业银行的产生有三种途径：一是从旧式的高利贷银行转变过来；二是以股份公司形式组建起来；三是由国家作为主要出资者组建。意大利是世界上银行的发源地，从17世纪开始，银行这一新型金融机构开始由意大利传播到欧洲其他国家，在英国出现了由金匠业等演变为银行业的过程，英格兰银行是历史上第一家股份制银行，它的成立也是现代银行业产生的标志。

尽管世界各国经济发展水平不同，其商业银行产生与发展的条件不同，但商业银行的发展基本上是遵循两种传统：一是英国式融通短期资金传统。英美等国商业银行的贷款业务至今仍以短期自偿性商业贷款为主。这种传统的优点是能够较好地保持银行的安全性和清偿力；缺点是银行业务的发展受到了一定的限制。二是德国式综合银行传统。这一传统的主要特点是：商业银行不仅提供短期商业性贷款，而且提供长期贷款，甚至可以投资于企业股票与债券，参与企业的决策与发展，为企业的兼并与重组提供财务咨询、财务支持等投资银行服务。至今，不仅德国、瑞士、奥地利等少数欧洲国家坚持这一传统，而且美国、日本等国的商业银行也有向综合银行发展的趋势。这种传统的优点是利于银行开展全面的业务经营，为企业提供全方位的金融服务；缺点是会加大银行的经营风险，因而对银行的经营管理提出了更高的要求。

商业银行的业务，按资金的来源和运用可以划分为负债业务、资产业务和中间业务。负债业务是形成银行资金来源的业务，如客户存款、借入款和发行银行资本等；资产业务是指银行运用其吸收的资金，从事各种信用活动，以获取利润的行为，主要包括放款业务和投资业务两大类；而中间业务是指商业银行不运用或少量运用自己的资金，不直接增加表内资产负债，利用自身优势，为客户提供各类金融服务并收取手续费的业务。

从全球范围看，中间业务是商业银行的核心业务和收入来源，譬如，美国、日本、英国的商业银行中间业务收入占全部收益比重均在40%左右，美国花旗银行收入的80%来自中间业务。

而在我国，中间业务的比例要低得多。以中国银行为例，我们从其2010年的利润表上可以看出，其收入主要包括三大块：利息净收入、手续费及佣金收支净额和其他非利息收入。其中，占比重最大的是利息净收入，达1939.62亿元，占全部收入的70.14%，而手续费及佣金收支净额（也就是中间业务收入）才544.83亿元，占全部收入的19.70%。

国内的商业银行现在都是靠利息净收入“过日子”。利息净收入是银行贷款的利息收入减去支付给储户的利息支出的差额，因为放贷的利率要高于它收储（接收储户储蓄）的利率，所以银行是盈利的。而盈利的多少则取决于贷款利率和储蓄利率的差额（即存贷款利差），利差越大，收益越高；同时也取决于贷款业务规模的大小，利差一定时，贷款越多，收益越多。

国际知名咨询公司波士顿发布的《银行业价值创造报告》显示，与世界成熟同行相比，中国银行业的利润来源仍然是传统的存、贷款业务和与之相伴的惊人的存、贷款利差，中国银行业利差比国外高14倍。

如此高的利差造成了极大的弊端。首先，它会让银行“不思进取”。在利差高于世界同行数倍的情况下，大部分银行自然就会乐于吃老本。其次，导致银行缺乏金融创新精神。高额利差使得其整个银行业丧失了向非利差业务拓展的动力。另外，它还影响了银行的服务质量，霸王条款层出不穷，客户怨声载道。

中国银行业之所以长期处在“利差时代”，最重要的原因是，国内的金融资本市场尚不成熟，开放不足，竞争不够。相反，发达国家银行业的发展已经相当成熟，虽然国家之间由于经济金融环境的差异及历史制度的不同利差水平有高有低，但银行利差总体来说处于一个相对合理的水平。在中国，一笔交易银行可以轻松赚到至少300个基点（1个基点等于万分之一）的利差，而在成熟的市场上，能达到20个基点就已经很不错了。

第三节　中央银行：具有主导地位

假设有一个与世隔绝的孤岛，他们实行金本位制度，商品交换用金币进行。大家都很放心，因为货币就是黄金。可是由于岛上黄金的产量太少，当商品交换活动更加频繁时，金币就不够用了，这样交易就会受到阻碍，经济发展只能减速，甚至停滞。

于是，有人就想了一个办法，成立一家钱庄，由钱庄来发行钞票，钞票借给需要用钱的人，等这个人有钱了或者不再需要用钱的时候再还给钱庄。钱庄发行钞票的基础，是它拥有一定数量的黄金作为储备，持有钞票者可随时来钱庄兑换相应的黄金。因此，这一储备必须和发行在外的钞票维持一个恰当的比率，以免出现由于信用受损而导致的挤提黄金的现象。这家钱庄就是现代意义上的银行。由于大家都努力生产，岛上的东西便越来越多。银行根据产品的生产量，发行相应数量的钞票，以保证交换能更深入地进行。

后来，交换活动更加频繁，一家银行不能满足需求，随即出现了更多的银行。为维持金融秩序的问题，就需要有一家银行来管理协调所有其他的银行，并且钞票也只能由这家银行发行，然后再通过其他银行来借给需要用钱的人。这家总揽全局的银行，就是中央银行。

中央银行是一国最高的货币金融管理机构，在各国金融体系中居于主导地位。中央银行是特殊的金融机构，它是货币经济发展的产物，是国家管理经济的职能部门，承担着稳定货币、发展经济、制定并执行金融政策的责任，是国家机构的重要组成部分，其领导人由国家任命。中央银行的运作不以营利为目的，存款不付息，为政府服务不收费，资产有很大的流动性，并且控制信用，调节货币流通。

17世纪后半期，英国为争夺海上霸权多次发动战争，结果导致财政发生严重困难。在入不敷出的情况下，为了帮助政府筹集资金，英国于1694

年7月27日通过法案成立了英格兰银行。英格兰银行也被认为是现代中央银行的鼻祖。

1825年、1837年英国爆发了两次比较严重的经济危机，而这两次经济危机最早都是从货币危机开始的，这更让英国政府认识到银行在经济活动中的重要性。于是，英国国会在1844年通过了《银行特许条例》，正式确立英格兰银行的货币发行垄断地位。直到1854年，英格兰银行终于取得了清算银行的地位，成为英国银行业的票据交换和清算中心。

随后，在1847年、1857年、1866年发生的周期性金融危机中，拥有发钞特权的英格兰银行，完美承担了其“最终放贷者”的责任——在商业银行陷入流动性困境时作为最后贷款人对其给予流动性援助。通过全力支持那些资金周转发生困难的商业银行，英格兰银行充分显示了它在维护银行清偿能力、调节社会信用方面的巨大作用。

第二次世界大战结束后，各国中央银行开始进入一个强化与完善的阶段，其中具有代表性的是法兰西银行、英格兰银行、德意志联邦银行、美国联邦储备系统管理委员会等。一方面，各国纷纷对中央银行进行国有化改造，任命中央银行负责人，使其直接接受国家控制与监督；另一方面，又颁布专门法律来规范中央银行在制定和执行货币政策、保持币值稳定方面的主要职责，强化宏观调控职能。与此同时，各国中央银行之间的交流与合作也更加频繁和紧密。

中华人民共和国的中央银行是中国人民银行。作为中国政府的组成之一，中国人民银行是在国务院领导下制定和执行货币政策、维护金融稳定、提供金融服务的宏观调控部门。

中国人民银行的历史，可以追溯到第二次国内革命战争时期。1931年11月7日，在江西瑞金召开的“全国苏维埃第一次代表大会”上，通过决议成立“中华苏维埃共和国国家银行”（简称苏维埃国家银行），并发行货币。1948年12月1日，以华北银行为基础，合并北海银行、西北农民银行，在河北省石家庄市组建了中国人民银行，并发行人民币，该银行成为中华人民共和国成立后的中央银行，人民币成为法定本位币。

1983年9月17日，国务院决定，由中国人民银行专门行使中央银行的职能，并具体规定了中国人民银行的10项职责。2003年，按照党的十六届二中全会审议通过的《关于深化行政管理体制和机构改革的意见》和十届人大一次会议批准的国务院机构改革方案，将中国人民银行对银行、金融资产管理公司、信托投资公司及其他存款类金融机构的监管职能分离出来，并和中央金融工委的相关职能进行整合，成立中国银行业监督管理委员会。这样，中国人民银行进一步剥离了对金融机构的日常监管职能，专司货币政策的制定与执行。

第四节　政策性银行：不以盈利为目的

所谓政策性银行是指那些多由政府创立、参股或保证的，不以营利为目的，专门为贯彻、配合政府社会经济政策或意图，在特定的业务领域内，直接或间接地从事政策性融资活动，充当政府发展经济、促进社会进步、进行宏观经济管理工具的金融机构。

在经济发展过程中，常常存在一些商业银行从盈利角度考虑不愿意融资的领域，或者其资金实力难以企及的领域。这些领域通常包括那些对国民经济发展、社会稳定具有重要意义，投资规模大、周期长、经济效益见效慢、资金回收时间长的项目，如农业开发项目、重要基础设施建设项目等。为了扶持这些项目，各国通常采用的办法是设立政策性银行，专门对这些项目融资。

政策性银行的产生和发展是国家干预、协调经济的产物。政策性银行与商业银行和其他非银行金融机构相比，有共性的一面，如都要对贷款进行严格审查，贷款要还本付息、周转使用等。但作为政策性金融机构，它也有其特征：一是政策性银行的资本金多由政府财政拨付；二是政策性银行经营时主要考虑国家的整体利益、社会效益，不以盈利为目标，但政策性银行的资金并不是财政资金，政策性银行也必须考虑盈亏，坚持银行管理的基本原则，力争保本微利；三是政策性银行有其特定的资金来源，主要依靠发行金融债券或向中央银行举债，一般不面向公众吸收存款；四是政策性银行有特定的业务领域，不与商业银行竞争。

当今世界上许多国家都设有政策性银行，往往种类齐备，并构成较为完整的政策性银行体系，如日本著名的“二行九库”体系，包括日本输出入银行、日本开发银行、日本国民金融公库、住宅金融公库、农林渔业金融公库、中小企业金融公库、北海道东北开发公库、公营企业金融公库、环境卫生金融公库、冲绳振兴开发金融公库、中小企业信用保险公库；韩国设有韩国开发银行、韩国进出口银行、韩国中小企业银行、韩国住宅银行等政策性银行；法国设有法国农业信贷银行、法国对外贸易银行、法国土地信贷银行、法国国家信贷银行、中小企业设备信贷银行等政策性银行；美国设有美国进出口银行、联邦住房信贷银行体系等政策性银行。这些政策性银行在各国社会经济生活中发挥着独特而重要的作用，构成各国金融体系两翼中的一部分。

1994年，我国组建了三家政策性银行，即国家开发银行、中国进出口银行、中国农业发展银行，均直属国务院领导。设立国家开发银行的主要目的是，一方面为国家重点建设项目融通资金，保证关系国民经济全局和社会发展的重点建设项目顺利进行；另一方面把当时分散管理的国家投资基金集中起来，建立投资贷款审查制度，赋予开发银行一定的投资贷款决策权，要求其承担相应的责任与风险，以防止盲目投资，重复建设。随着我国对外经济贸易的扩大，运用补贴以施加特殊保护、促进出口的办法已经过时。为了按国际惯例运用出口信贷、担保等通行做法，扩大机电产品，特别是大型成套设备和高新技术、高附加值产品的出口，合理促进对外贸易的发展，创造公平、透明、稳定的对外贸易环境，我国成立了中国进出口银行。农业是国民经济的基础，我国农业基础薄弱，效益比较差，地区差异大。农业的发展，尤其是落后地区农业的发展，粮、棉、油等主要农产品的生产、收购、储备和销售，在相当程度上需要国家的支持。为了集中财力解决农业和农村经济发展的合理的政策性资金需要，促进主要农产品收购资金的封闭运行，国务院决定成立中国农业发展银行。

政策性银行的职能，主要表现在它的特殊职能上。它的特殊职能包括以下几点。

1.补充性职能

政策性银行的融资对象，一般限制在那些社会需要发展，而商业性金融机构又不愿意或无力提供融资的那些事业上。对于那些能够获得商业性资金支持的事业，政策性银行就没有必要把有限的资金投入进去。因此，政策性银行具有在融资对象上为商业性融资拾遗补阙的功能。需要注意的是，政策性银行提供资金支持的具体事业范围不是固定的，而是随着社会、经济、技术等的发展不断变化的。

2.倡导性职能

所谓倡导性职能，即提倡引导的职能。政策性银行的倡导性职能主要是通过以下途径发挥的：

（1）政策性银行通过自身的融资行为，给商业性金融机构指示了国家经济政策的导向和支持重心，从而消除商业性金融机构对前景模糊的疑虑，带动商业性资金参与。

（2）政策性银行通过提供利息补贴，弥补有的项目投资利润低而无法保证市场利息收入的不足，从而使商业性资金参与。

（3）政策性银行通过向商业性融资提供利息和本金的偿还担保，促成商业性资金参与。

（4）政策性银行通过为商业性金融机构提供再融资的方式，促使商业性资金的参与，诱使和引导商业性资金参与特殊事业融资。

3.经济调控职能

政策性银行的经济调控职能，是补充性职能和倡导性职能的必然结果。正是因为前两项职能，国家通过政策性银行业务可以实现区域经济、产业、行业、产品结构、生产力布局、固定资产投资规模和结构等合理化，实现经济的协调发展。

4.特殊领域的金融服务职能

政策性银行以其服务对象的特殊性，决定了其所熟悉和擅长的领域的特别性，它在这些领域积累了丰富的实践经验和专业技能，聚集了一大批精通业务的专业技术人员，从投资论证到投资步骤、投资管理、投资风险防范等方面，都能提供专业化的有效服务，而这些方面恰恰是商业银行所不熟悉或不擅长的业务领域，能有效地弥补商业性金融机构在这些领域所提供服务的不足。

第五节　保险公司：具备多元化经营风险

保险公司是指经营保险业的经济组织，包括直接保险公司和再保险公司。保险关系中的保险人，享有收取保险费、建立保险费基金的权利。同时，当保险事故发生时，有义务赔偿被保险人的经济损失。说白了保险公司就是经营风险的，如果说银行获利靠的是息差的话，那么保险公司获利就是靠“风险差”了。顾名思义，风险不是人人都能碰到的，因此保险公司就可以用很多很多没有遇到风险的人的保费来赔偿少数几个遇到风险的人的损失。

所以，保险的基本职能是转移风险、补偿损失。这一职能对家庭和个人具有不可低估的保障作用。因为个人的财力有限，很难积累起足以应付天灾人祸的后备资金，一旦受损，正常生活就难以为继。如果个人和家庭参加了财产保险和人身保险，一旦发生天灾人祸，则可以根据保险合同约定，从保险公司处获得赔偿和给付，由此保障家庭生活的安定。

从金融学的角度看，保险从投保人那里收取保费，建立保险基金来达到分散风险的目的。但其预提而尚未赔偿或给付出去的分摊金则必然积蓄下来，形成可用于中长期投资的巨额保险基金，从而对社会再生产进行资源配置：或者将保险基金渗透到产业资金循环中，或者投入到公共福利事业中，这使得保险公司成为金融市场的主要机构投资者，成为金融市场的四大金融支柱之一。各式各样的保单也成为一种金融工具。

我们以平安保险公司为例来看保险公司的经营特点。平安保险公司的收入主要来自投保人缴纳的保费，2008年，其全年保费业务收入是1293.83亿元，占其营业收入的比重高达92.56%，所以，设计险种并将其推销出去是保险公司的主要业务。同一年，平安保险公司的年度营业支出（主要是企业开展保险业务的各项成本和开支）就高达1421.1亿元，也就说保险业务本身并没有给公司带来利润，相反还亏损了127.27亿元。

但是单纯以纯保险业务的角度看待保险公司是片面的。其实，保险公司通过卖保险收保费而积聚了大量的资金，然后再将这些资金用于购买国债、股票、基金等，所以，金融投资业务在保险公司的经营中占有举足轻重的地位。

作为金融机构，保险公司和证券公司、期货公司有所不同。证券公司、期货公司只是一个中介机构，它们的作用是为我们进行交易提供一个通道，而保险公司并非中介性的金融机构，而是个交易性的金融机构。它卖产品（保单）给我们，是我们的交易对手；而期货公司和证券公司只是将我们的交易指令传到交易所去，本身并不和我们交易。

保险公司的业务范围包括财产保险业务和人身保险业务。财产保险业务包括财产损失保险、责任保险、信用保险等保险业务；人身保险业务包括人寿保险、健康保险、意外伤害保险等保险业务。同一保险人不得同时兼营财产保险业务和人身保险业务；但是，经营财产保险业务的保险公司经保险监督管理机构核定，可以经营短期健康保险业务和意外伤害保险业务。保险公司的业务范围由保险监督管理机构依法核定。保险公司只能在被核定的业务范围内从事保险经营。保险公司不得兼营保险法及其他法律、行政法规规定以外的业务。

财产保险是以财产及其相关利益为保险标的的保险，补偿因自然灾害或意外事故所造成的经济损失，比如为防止汽车被盗可以投保；责任保险是以被保险人的民事损害赔偿责任为保险标的的保险，比如担心本公司生产的热水器对用户造成损害就可以投保；而保证保险指由保险人承保在信用借贷或销售合同关系中因一方违约而造成的经济损失，比如出口一批工艺品，顾虑对方不及时付款时可以投保。

至于人身保险则包括人寿保险、健康保险和意外伤害保险等。人寿保险是以人的寿命和身体为保险标的，以人的生存或死亡为给付条件的一种保险；健康保险指对被保险人的疾病、分娩及由此所致的伤残、死亡的保险，又称疾病保险；意外伤害保险指保障被保险人在其遭受意外伤害及由此所致的伤残、死亡时，给付保险金的保险。

保险业务的具体运作流程如下：投保人和保险公司签订保险合同，确认保险关系的成立，接下来就是保费的缴纳，如果发生意外，则由保险公司负责理赔。其中核心的问题有三个：分清保险关系中的各个主体、弄清保险合同的含义、了解理赔的流程。

第六节　投资银行：资本市场上的主要金融中介

说起投资银行，大家的第一个反应肯定是传说中的高盛、摩根、美林（这家公司在次贷危机之后已经被收购了）这些外资企业，遥想当年，进入这些企业工作是多少毕业生的梦想！但是在中国似乎就很少听到投资银行的称谓，那么中国有没有吗？

实际上投资银行是主要经营证券业务的金融机构，按照严格的定义，并不属于传统银行的范畴。通常所说的银行（即商业银行）是经营间接融资业务的，吸收储户存款后再向企业贷款；而投资银行则是经营直接融资业务的，一般来说，它既不接受存款，也不发放贷款，而是为企业提供证券发行、兼并收购，风险投资或重组、清算等业务，从中赚取佣金；此外，它还向投资者提供证券经纪和资产管理服务，并运用自有资本进行投资或投机交易。

在美国，经营以上业务的金融机构一般称为投资银行，在中国、日本等亚洲国家称为证券公司，在欧洲则称为商人银行。由于欧洲金融业在历史上多采取混业经营，事实上独立的商人银行数量不多，大部分都是综合性银行或全能银行，这些银行同时经营商业银行和投资银行业务。

在美国，投资银行往往有两个来源：一是由商业银行分解而来，典型的例子如摩根士丹利；二是由证券经纪人发展而来，典型的例子如美林证券。美国投资银行与商业银行的分离发生在1929年的大股灾之后，当时联邦政府认为投资银行业务有较高的风险，禁止商业银行利用储户的资金参与投行业务，结果一大批综合性银行被迫分拆为商业银行和投资银行，其中最典型的例子就是摩根银行分拆为从事投资银行业务的摩根士丹利以及从事商业银行业务的JP摩根。

但在欧洲，各国政府一直没有实行这样的限制，投资银行业务一般都是由商业银行来完成的，所以形成了许多所谓的全能银行或商人银行，如德意志银行、荷兰银行、瑞士银行、瑞士信贷银行，等等。事实证明，商业银行和投资银行业务由同一金融机构完成，在欧洲不但没有引起金融危机，反而在一定程度上提高了融资效率，降低了金融系统的风险。

在中国，证券公司是指依照我国《公司法》和《证券法》的规定，经国务院证券监督管理机构审查批准，专业从事证券经营业务并具备独立法人地位的有限责任公司或者股份有限公司。它是非银行金融机构的一种。

证券公司的业务，主要有以下三类。

1.证券承销业务

证券承销是证券公司代理证券发行人发行证券的行为。证券承销的方式分代销和包销两种。证券代销是指证券公司代理发行人发售证券，在承销期结束时，将未售出的证券全部退还给发行人的承销方式。证券包销是指证券公司将发行人的证券按照协议全部购入或者在承销期结束时，将售后剩余证券全部自行购入的承销方式。

2.证券经纪业务

证券经纪是证券公司接受投资者委托，代理其买卖证券的行为。其应遵守如下规则：

（1）不得接受投资者的全权委托代其买卖证券，或对投资者做盈利保证、分享利益或亏损补偿保证的买卖。

（2）不得将投资者的证券借与他人或用作担保。

（3）对投资者的委托买卖指令有保守秘密的义务。

（4）不得以获取佣金为目的，诱导投资者进行不必要的证券买卖，或者在投资者的账户上翻炒证券。

（5）证券公司的证券营业部不得将资金存取、清算与交割等柜台业务延伸到经营场所之外。

（6）同时经营证券自营与代理业务的公司，应当将经营两类业务的资金、账户和人员分开管理，并将投资者存入的保证金在两个营业日内存入指定的信托账户，不得挪用客户保证金从事证券自营业务或用于其他用途。

3.证券自营业务

证券自营业务是证券经营机构为机构自身投资买卖证券、赚取买卖差价并承担相应风险的行为。

只有证券公司才是各个证券交易所或交易市场的会员，任何一个证券投资者都必须通过它们进行股票、债券等证券产品的买卖，而不能自己直接到交易所交易。所以说，证券公司连接着资本市场的供给方和需求方，只有通过它们，资本市场的供求双方才能成交，所以，证券公司是资本市场的主导者。

作为资本市场的主导者，证券公司既拥有广大投资者的需求信息，也拥有广大企业的供给信息，它们利用这种优势向其他金融市场渗透，比如货币市场、期货市场、外汇市场等，在这些市场也拥有一席之地。

投资银行，或者说证券公司，其业务的利润是很高的。以最常见的股票发行业务为例，投资银行一般要抽取5%～10%的佣金，也就是说，如果客户发行价值100亿美元的股票，投资银行就要吃掉5亿～10亿美元。债券发行业务的利润相对较少，但风险也较小。除此之外，兼并重组与破产清算是投资银行近年来的主要利润增长点，如欧美发生的大型兼并案，背后往往都有投资银行的推波助澜。

2008年的美国金融危机使得美国的大型投资银行（高盛、摩根士丹利、摩根大通等）都变身成为银行控股公司，市场认为这等于宣布投资银行消失了。其实，这并不意味着美国的投资银行消失了，只是意味着这些投资银行换了一个面目出现。和过去不同的是，现在它们不仅可以做过去的投资银行业务，还可以做商业银行的业务了，很有可能，它们将是金融市场未来的寡头。

第七章

了解金融监管，将金融风险控制在可控范围内

第一节　中国银行业监督管理委员会的职责有哪些

银行是金融市场的重要组成部分，银行业务又具有其普遍性，我们每个人、每个机构都要和银行打交道：不是在银行存钱，就是通过银行汇款、缴费，抑或向银行贷款等。所以，银行的稳定关系到每一个人、每一个机构的切身利益，是社会稳定的基础。

鉴于银行的重要性，每个国家都会对本国的银行业进行监管，但监管的方式和效果并不一样；而且，即使非常先进的监管也并不意味着万事大吉。比如，作为“流行话题”之一的次贷危机，就是在美国的监管模式下发生的，而美国的金融监管体制显然处于国际领先的地位。

那么，各国到底是怎样来监管各自的银行业的呢?

从全球范围来看，银行监管有如下几种监管模式：

英国的非正式监管模式。英格兰银行采用的监管模式是一种典型的非正式银行监管模式。在英国，银行监管传统上由英格兰银行与其他银行协商进行，道义劝告、自我约束和与个人保持关系是银行监管的主要手段。每家银行与英格兰银行都有单独关系，并谨慎申报自己的经营情况。这与其他由审查者现场审核以查证资料的监管体制不同。但近年来，英国逐渐采取了更具法律效力的银行监管方法，从而使该国的做法越来越与欧洲大陆接近了。难道整个人类的道德水准真的下降了，导致英国历史悠久的行业自律监管方式变得不适合现在这个时代了?

欧洲银行监管的模式。欧洲大陆的银行监管是以法规为基础的，即一方面颁布银行必须遵守的各项规则，另一方面将对银行遵守规则的情况交由外部审计师进行查实。在比利时，专职审计师由当局聘任；在瑞士，审计师除符合有关法规的要求外，还必须在联邦银行委员会注册；在德国，总审计师对银行审核后，必须将是否符合审计要求的结论上报当局。在这些国家，监管者不仅就审计报告的形式和内容制定了详尽的法规，而且仍保留检查银行账户及随时审查的权力。

美国银行监管的模式。在美国的银行监管模式中，定期进行现场审核是其监管过程的基石，不同于有些国家依赖外界专家的情况，美国的银行监管者自身必须拥有评估资产质量以及其他银行业务方面的技能。

就监管的内容来看，各国的标准比较统一，主要包括市场准入监管、日常审慎监管、问题银行监管和市场退出监管等几个方面。

市场准入监管，指制定对银行业开业条件的具体要求，以防止不合格的金融机构进入金融市场，保持合理的机构数量，避免恶性竞争，包括机构准入、业务准入和高级管理人员准入三个方面。

日常审慎监管，指在银行正常经营期间内对银行日常经营活动进行监管，防范银行业务运营过程中可能出现的各种风险。主要包括对以下几个指标的监控：资本充足率、资产质量分析（包括资产集中程度、不良贷款的水平和发展趋势等）、流动性指标、呆账准备金、利率风险和汇率风险分析，以及对银行的风险管理系统和内部控制制度的监管。

问题银行监管和市场退出监管。问题银行监管制度是指旨在防止银行出现可能导致对银行体系安全威胁的一系列制度安排，包括纠正性监管、救助性监管和市场退出监管。其中存款保险制度是银行市场退出机制的核心。

随着金融全球化趋势的发展，人们逐渐达成这样的共识，即银行监管的标准和手段应该趋同，金融业的协调应超越国界。特别是随着发展中国家经济的增长和繁荣，国内金融市场与国际金融体制的接轨日趋重要，因此，尽可能减少人为扭曲的监管行为势在必行。

中国的银行监管部门是2003年4月28日成立的“银监会”，全称为中国银行业监督管理委员会。除了银行以外，还有很多非银行金融机构，比如信托公司、财务公司、资产管理公司、货币经纪公司、汽车金融公司等，也都被纳入“银监会”的监管范围。这是因为它们虽然不是银行，但其主要业务仍属于银行性业务的范畴。

要注意的是，“银监会”是监督管理机构，而不是纠纷裁决机构，如果一个人和银行有金融纠纷，可以通过向法院起诉银行来保护自己的金融权益；如果他认为银行存在违反监管规定的行为，也可以向“银监会”反映，但“银监会”不能裁定银行做出赔偿。

北京一位70多岁的老人在某银行取款时，被犯罪分子抢走了刚刚取出的25万元人民币，老人认为银行疏于防范，要求赔偿，却遭银行拒绝。于是老人向“银监会”投诉，请求“银监会”责令银行承担责任，但“银监会”拒绝受理此类纠纷，老人十分不满，觉得“银监会”作为监管机构，并不能保护储户利益。

在正常情况下，公众若要投诉银行的产品或服务，应先行与该银行联络，这样做可使银行有机会及早解决投诉事项。各家商业银行都有接受客户投诉的渠道和处理流程，以便对客户投诉展开全面及时地调查，并使投诉获得圆满解决。银行也应向客户说明投诉的程序。

若对银行处理投诉的方法感到不满意，或银行并未在收到投诉后约定时间内给予最后回复，也可向“银监会”寻求协助。向“银监会”投诉应以书面形式进行，并详述投诉事件及性质、投诉人姓名及联络方法。一般来说，口述形式或匿名投诉的方式，“银监会”都不会受理。

第二节　中国证券监督管理委员会的职责有哪些

证券市场不同于由厂商和消费者所组成的一般产品市场，它并不能为消费者提供实实在在有使用价值的产品或服务，它有的只是股票、债券、权证等金融工具，而这些东西既不能吃，也不能穿。

证券市场由多方不同的利益主体［如上市公司、投资者、金融中介机构、自律管理机构（如证券交易所等）和政府监管部门等］共同构成，维系这个市场正常运转和健康发展的基础则是投资者对未来市场的信心。这个市场发生的任何事件以及由此导致的波动都会敏感地触及国民经济的每一根“神经末梢”，对于整个经济、社会（乃至国际社会）产生普通产品市场不可企及的影响力。

所以证券市场是个极其需要监管的市场。考察世界各国证券监管的相关法律法规，可以发现，各国监管的目标都非常明确，即严厉打击证券市场上的违法、违规交易活动，包括股价操纵、证券欺诈、内幕交易等，以保护投资者的合法权益不受侵害，从而维护投资者对证券市场的长期信心。这一目标又着眼于对证券市场上最弱势群体利益的维护，体现了证券监管的人文关怀色彩。

对证券市场的监管方式，不同国家的差异也比较大。比如，在美国，股票市场是由证券交易委员会（简称SEC）负责监管，而期货市场归美国商品期货交易委员会（简称CFTC）监管。而且，美国的监管比较松，监管机构很少实行审批制，多数情况下，只需备案即可。另外，不少监管权力还下放到交易所和行业协会，证券经营机构的自由度比较大。

以英国为代表的一些国家，甚至主要靠证券期货机构自身的自律，根本不进行集中监管。

中国实行的则是集中统一监管，由证监会全面负责对股票市场、期货市场和部分债券市场的监管，且监管比较严，多数业务的开展都需经过证监会的审批。

起初，我国证券机构和证券市场主要由中国人民银行负责监管。1992年10月，国务院证券委员会和中国证监会成立，标志着中国证券市场统一的监管体制开始形成。国务院证券委是国家对证券市场进行统一宏观管理的主管机构，中国证监会是国务院证券委的监管执行机构，依照法律法规对证券市场进行监管。1993年11月，国务院决定将期货市场的试点工作交由国务院证券委负责，中国证监会具体执行。

1995年3月，国务院正式批准《中国证券监督管理委员会机构编制方案》，确定中国证监会为国务院直属事业单位，是国务院证券委员会的监管执行机构，依据法律、法规的规定，对证券、期货市场进行监管。

1997年8月，上海、深圳证券交易所统一划归中国证监会管理，在沪、深交易所设立中国证监会监管专员办事处。同年11月，国家决定对全国证券管理体制进行改革，对地方证券监管部门实行垂直领导，将原来由中国人民银行监管的证券经营机构划归中国证监会统一监管。

中国证监会为国务院直属正部级事业单位，依照法律、法规和国务院授权，统一监督管理全国证券期货市场，维护证券期货市场秩序，保障其合法运行。中国证监会在省、自治区、直辖市和计划单列市设立36个证券监管局，以及上海、深圳证券监管专员办事处。

中国证监会的基本职能概括来说有以下几个：

（1）建立统一的证券期货监管体系，按规定对证券期货监管机构实行垂直管理，统一监管证券业。

（2）加强对证券期货业的监管，强化对证券期货交易所、上市公司、证券期货经营机构、证券投资基金管理公司、证券期货投资咨询机构和从事证券期货中介业务的其他机构的监管，提高信息披露质量。

（3）加强对证券期货市场金融风险的防范和化解工作。

（4）负责组织拟订有关证券市场的法律、法规草案，研究制定有关证券市场的方针、政策和规章；制定证券市场发展规划和年度计划；指导、协调、监督和检查各地区、各有关部门与证券市场有关的事项；对期货市场试点工作进行指导、规划和协调。

第三节　金融风险的危害有多少

金融风险，是指金融机构在经营过程中，由于决策失误、客观情况变化或其他原因使资金、财产、信誉有遭受损失的可能性。

当人们用自己的货币以一定的价格购买金融资产时，这种金融资产提供的收入流量并不是现时的收入流量，而是在未来一定时期内陆续实现的货币收入流量，因此，在这种待实现的货币收入流量转化为实际货币收入流量时必须考虑时间因素。现实世界是个充满竞争和意外因素的世界，一定量的金融资产在未来的时期内到底能产生多大的货币收入流量，还有相当的不确定性。这种预期收入遭受损失的可能性，就是通常所说的金融风险。

一家金融机构发生风险所带来的后果，影响往往超出其自身之外。一家金融机构在具体的金融交易活动中出现的风险，除了有可能对该金融机构的生存造成危险，还有可能对整个金融体系的健康运行构成威胁；一旦发生系统风险，金融体系运转失灵，必然会导致全社会经济秩序的混乱，甚至引发严重的政治危机。

风险源于未来结果的不确定性。也就是说，任何一件事情，只要它的未来是不确定的，它就存在着风险。从这个意义上来说，风险就是对未来结果不确定性的暴露。所谓风险大小，实际上也就是对这种不确定性所做出的概率判断。

自2007年全球金融危机发生以来，金融风险已成为中国“最时尚”的话题之一。在市场经济条件下，竞争领域中的一切活动都具备一定的风险，只是金融风险表现得更为突出而已。经济运行体系可以抽象地分成两个部门：实体经济部门和虚拟经济部门，虚拟经济部门即金融部门。在现代市场经济条件下，不仅实体经济部门中的问题要反映到金融部门来形成一定的金融风险，而且金融部门本身也会由于运行过程中的种种问题而产生风险。特别是在各类资产证券化、原生性金融产品衍生化趋势日益加强的情况下，这种虚拟产品的独立运行所引发的金融风险会越来越多。从这个意义上说，在一个市场经济体系中，存在着金融风险是十分正常的、合乎逻辑的现象。

这就引发了一个问题：既然金融风险的存在是十分正常且合乎逻辑的，那么，我们为什么又要把金融风险的问题提到如此重要的地位，并认为它关系到经济发展和社会稳定的大局呢？这是因为：

（1）金融风险有可能导致贷款危机。金融机构的贷款无法按时收回并且数量累积到一定规模时，就会减少或停止对外贷款，从而使得情况进一步恶化。这种现象持续一段时间，就会形成因为流动性不足而产生的贷款危机，贷款企业大面积违约。

（2）金融风险有可能导致银行危机。银行的特点是负债经营，资金来源主要依靠吸收存款。一旦发生贷款危机或者其他导致银行信用受损的事件，存款人就可能大规模挤提取银行存款。这种挤提又很可能会从个别银行蔓延至整个银行体系，从而引发银行危机，甚至使得银行倒闭。

（3）金融风险有可能导致货币危机。如果一国政府的货币政策出现失误，货币投放过多，超过经济正常运行所实际需要的货币量时，就会出现通货膨胀的现象，导致货币贬值。这一情况继续恶化下去，就会形成货币危机。

（4）金融风险有可能导致经济衰退。以上任何一种危机，如果不能及时合理地解决，都有可能进一步深化，导致经济衰退，最后引发社会危机甚至政治危机。

无论是1997年亚洲金融危机波及的国家，如泰国、马来西亚、印度尼西亚、菲律宾、韩国等，还是稍后在1999年1月出现金融动荡的巴西，抑或是2007年次贷危机的爆发地美国，都是金融危机导致经济衰退乃至社会危机的生动案例。

金融风险可分为系统金融风险和个别金融风险。所谓系统金融风险或全局性金融风险指的是与整个金融系统的整体健康或结构相关联的风险，它往往是金融系统中积聚了大量的风险因素以至无法处理造成的，具有宏观性、较强的外部性、极强的蔓延效应以及极大的破坏性等特征，系统性金融风险通常会危及国家利益和主权信用。

个别金融风险或局部性金融风险，则是个别金融机构因为经营不善导致的风险，其影响只局限在金融机构自身的范围内。

现在我们所重点关注的，就是系统金融风险。从世界上一些国家的教训来看，金融危机不管由什么原因引起，最终都表现为支付危机，即：或是无法清偿到期的对外债务，或是银行系统不能满足国内存款者的普遍提存要求，继而进一步导致挤提甚至银行破产。正是从这种基于对流动性重要程度的重视，国外不少专家都将最初的系统金融风险定义为支付链条遭到破坏，或因故中断导致的危险现象。

在现代市场经济中，金融领域是竞争最激烈因而风险程度也最高的领域，一切金融活动都伴随着风险，因此，想要完全避免金融风险是不可能的。对于金融管理部分来说，有决策参考意义的是关注系统金融风险或全局性金融风险。我们在报刊上经常看到所谓“化解金融风险”说法，实际上是一句糊涂话。系统金融风险或全局性金融风险一直存在，个别金融风险或局部性金融风险每天都在出现，如何化解得了？如果说化解，只应该是化解危机；而在危机尚未产生时，我们要做的工作也只能是降低系统或全局性金融风险。

第四节　分业监管与统一监管的区别

分业监管体制是根据金融业内不同的机构主体及其业务范围的划分而

分别进行监管的体制。

各国的分业监管体制通常由多个金融监管机构共同承担监管责任。一般银行业由中央银行负责监管；证券业由证券监督管理委员会负责监管；保险业由保险监督管理委员会负责监管。各监管机构分工负责，相互协调，共同组成一个国家的金融监管组织体系。

对处于经济转型时期的中国金融业而言，实行分业经营、分业监管的模式是与一定时期内中国社会经济发展水平以及金融机构、金融市场发展水平相适应的。但是随着国内经济金融体制改革的深化和国际经济环境的不断变化，特别是加入世界贸易组织以后，分业经营、分业监管的模式也面临挑战。这是因为：

（1）金融创新使中国分业监管体制面临新课题。随着新的金融工具和金融创新不断涌现，灵活的投融资渠道增多，投资基金、投资银行和其他非银行金融机构在金融体系中的地位不断上升，而商业银行业务在整个金融市场的份额不断下降，在竞争中渐趋被动。很多创新型金融业务和金融工具也难以明确界定其业务分类。

（2）金融控股公司的设立暴露了分业经营和监管体制的弊端。由于金融控股公司存在复杂的组织结构和内部关系网络，同时，又从事银行、证券和保险中的两种或两种以上的经营活动，而我国现行的法律法规对金融控股公司未做任何规范，因而面临着特殊的风险，如：资本重复计算的高财务杠杆风险、不正当的内部交易或关联交易的风险等。如何在分业监管体制下对金融控股公司进行有效监管，是一个新课题。

（3）加入世界贸易组织使中国的分业经营和监管体制面临严峻挑战。混业经营已经成为国际金融市场的主流，各国金融机构由于不断地兼并、重组和金融创新，银行与证券、保险之间的业务界线逐步模糊。随着“入世”承诺的逐步落实，2006年内地金融市场全面开放，外国商业银行在中国的业务也日趋活跃。它们的分支机构按我国分业经营的要求开展业务，即它们的前台是分业的，但是它们的后台（即他们的总部）则是混业的，这样它们的前、后台配合就可以为客户提供包括商业银行、证券、保险等一系列综合金融服务。如果中国的金融机构仍然固守分业经营的体制，在与外资机构的竞争中将处于不利地位。

（4）金融业之间的竞争日益激烈，分业经营体制难以适应市场的发展和客户的需求。分业经营模式使商业银行业务范围受到限制，不利于其满足客户的多层次需求及拓展业务。

（5）现行金融分业经营制度不利于金融业的规模经营、国际竞争力的提高及传统金融企业向现代金融企业的转变。

1989年，中国初步提出银行业与证券业、保险业分业经营、分业监管的原则。1995年5月10日《中华人民共和国商业银行法》的出台，标志着金融分业经营体制正式确立。

1995年3月，国务院正式批准《中国证券监督管理委员会机构编制方案》，确定中国证监会为国务院直属事业单位，是国务院证券委员会的监管执行机构，依据法律、法规对证券、期货市场进行监管。

1998年11月18日，中国保监会成立。它也是国务院直属事业单位，根据国务院授权履行行政管理职能，依照法律、法规统一监督和管理保险市场。

2003年4月28日中国银监会挂牌成立。其职能是根据国务院的授权，统一监督管理银行、金融资产管理公司、信托投资公司以及其他存款类金融机构，维护银行业的合法、稳健运行。这标志着我国由此确立了一行三会的金融监管新格局。

第五节　中国保险监督管理委员会的职责有哪些

世界各国都对保险业进行监管，因为保险业具有特殊性。这种特殊性体现在保险商品的功能具有迟滞性。我们知道，保险是服务形态的商品，但不同于旅游、文化之类的服务形态的商品，后者形成的商品生产过程和消费过程几乎是同步进行的，生产过程的完成往往就是消费过程的结束。而保险商品则不是这样，我们都是先缴保费，但我们缴保费时，保险公司没有给我们任何东西，只有在将来出险时，我们才能从保险公司获得理赔。

在保险市场上，消费者购买的是一个对未来不确定事件的承诺，人们购买的保险商品不能获得现时的利益，这种承诺是一种信用，被保险人交纳保费在前，遭受风险损失后能否得到赔偿则取决于保险人履行合同的愿望和能力。如果保险人在收取保费后，丧失了给付保险商品的能力，那投保人就会“付了钱却拿不到货”，所以，必须加强对保险公司的监管，以确保投保人在出险后能获得理赔。

世界上的保险监管模式主要有两种。

一种是以美国为代表的严格监管模式。这是一种传统的监管模式，在这种监管模式下，所有保险活动的过去和现在都受到全面监管，包括对市场准入的限制，对保险条款、费率条件、保单利率、红利分配、一般保险条件等均有明文规定，并在投放到市场前受到监管部门严格和系统的监管。除美国外，德国和欧洲一些大陆国家也实行这一模式。

另一种是以英国为代表的松散监管模式。它强调对保险人的偿付能力进行监管，而相应地放松对保险产品、保险费率、保险业务甚至市场准入条件的约束。

无论是美国的严格监管模式还是英国的松散监管模式，都强调了偿付能力监管的重要性。相对于松散监管模式而言，严格监管在市场准入、产品质量和经营行为方面有更高的要求，有利于保证保险公司的财务稳健和保险业的声誉。但松散监管在一定条件下更有利于促进保险业的发展。因此，各国保险监管模式的选择要根据本国的历史传统和现实发展来确定。

中国的保险监管模式，可归于严格一类。

中国保险监督管理委员会（简称中国保监会）成立于1998年11月18日，是国务院直属事业单位，其基本目的是深化金融体制改革，进一步防范和化解金融风险，根据国务院授权履行行政管理职能，依照法律、法规统一监督和管理保险市场。

一般来说，保监会的监管手段有以下几种。

1.监管市场准入

保险公司以及保险中介机构的设立，都必须由保监会批准。未经保监会批准擅自设立保险公司或者非法从事商业保险业务活动的，依法追究刑事责任，并由保监会予以取缔。对于超出核定的业务范围从事保险业务活动的，由保监会责令改正，责令退还收取的保险费并给予相应的经济处罚。

2.监管保险业务的运营

保监会对保险业务的监管比较细，一般将监督检查的重点放在偿付能力和市场行为两个方面。保险公司的偿付能力是指其赔偿或给付的能力。保险公司具有足够的偿付能力才能保障被保险人的利益，增进投保人的信心。偿付能力监管是保险风险监管的核心内容。除此以外，对保险公司的业务范围、保险条款、保险费率、再保险、保险准备金的提取、保险资金的运用以及保险中介人都有明确的监管规定。

3.监管市场行为

市场行为监管的核心是要求保险机构严格依法合规经营，共同遵守法定的竞争规则，维护良好的市场秩序和环境，维护被保险人的利益。对保险机构业务运营的监管，也是通过非现场监控和现场稽核检查方式实现的。

4.处理有问题的保险机构

对日常保险监管中发现的保险企业存在的各种违法违规问题和不审慎行为，保监会视情节轻重依法进行处理和处罚。对违反我国《保险法》及其他法律规定的行为等情节严重者，保险监管机关有权对保险机构实施接管。保险机构违反法律、行政法规，被保险监管部门吊销经营保险业务许可证的，该机构依法予以撤销，由保险监管部门组织清算组进行清算。保险公司不能支付到期债务，经保险监管部门同意，由人民法院依法宣告破产，并由法院组织保险监管部门等有关部门和人员成立清算组进行清算。

虽然有着如此严厉的监管条例，但在现实中，消费者对保险依然抱怨不少。比如，保险合同暗含陷阱，保险销售人员坑保、骗保事件时有发生；甚至骗取挪用保费，引起理赔、退保纠纷；等等。这种情况就是监管失效，在世界上普遍存在。比如，美国的AIG集团是全球最大的保险集团，在2008年的金融危机中竟面临倒闭破产的境地，而美国的监管部门对此事前毫无察觉。

监管失效的原因很多，主要有以下几点：

首先，任何行业都存在经营不善的公司，也都存在道德低下的从业者，保险行业也不例外。

其次，监管者的监管节奏总是慢于市场发展的步伐，它们总是在问题发生后，才去处理，而难以在事前将所有可能发生的问题都预料到。

最后，金融监管体系的分割所产生的监管盲点与协调困难、监管技术和手段落后、监管经费不足等因素也会导致监管失效。

保险监管水平的提高可望最大限度地减少监管失败的现象，但是希望完全消除监管失败的现象也是不现实的。

第六节　国有重点金融机构监事会的职责有哪些

国有重点金融机构监事会由国务院派出，对国务院负责，代表国家对国有金融机构的资产质量及国有资产保值增值状况实施监督，它的管理机构是中央金融工委。

2000年8月，由国务院派出的15个国有重点金融机构监事会，正式进驻16家国有重点金融机构。这16家国有金融机构包括：国家开发银行、中国进出口银行、中国农业发展银行、中国工商银行、中国农业银行、中国银行、中国建设银行、交通银行、中国华融资产管理公司、中国长城资产管理公司、中国东方资产管理公司、中国信达资产管理公司、中国人民保险公司、中国人寿保险公司、中国再保险公司、中国银河证券有限责任公司。与此同时，中央金融工委也向中国煤炭信托投资有限责任公司、中国经济开发信托投资公司、中央国债登记结算有限责任公司等5家中央金融工委管理的金融机构派出了监事会。

那么国有重点金融机构监事会是个什么机构呢？按照2000年3月国务院颁布的《国有重点金融机构监事会暂行条例》规定，国有重点金融机构是指国务院派出监事会的国有政策性银行、商业银行、金融资产管理公司、证券公司、保险公司等。向国有重点金融机构派出监事会，目的是健全国有重点金融机构监督机制，加强对国有重点金融机构的监督管理。

国有重点金融机构监事会由国务院派出，对国务院负责，代表国家对国有金融机构的资产质量及国有资产保值增值状况实施监督，它的管理机构是中央金融工委。中央金融工委在具体履行《条例》规定的职责时，可以使用国有金融机构监事会办公室的名义，负责监事会的日常管理工作。

国有重点金融机构监事会以财务监督为核心，根据有关法律、行政法规和财政部的有关规定，对国有重点金融机构的财务活动及董事、行长（经理）等主要负责人的经营管理行为进行监督，确保国有资产不受侵犯。监事会与国有金融机构是监督与被监督的关系，不参与、不干预国有金融机构的经营决策和经营管理活动。监事会由主席一人，监事若干人组成，监事会成员每届任期3年。

国有重点金融机构监事会对金融机构的监督体现在以下四个方面：

第一，强化出资人的监管职能。国务院派出监事会，代表国家对国有金融机构的资产质量及国有资产保值增值状况实施监督，这就可以从制度上使国家作为国有金融资产所有者的监督职能得到保证和落实。

第二，健全金融监督机制。国务院派出监事会，代表国有资产所有者开展以财务监督检查为核心的监督检查工作，这种监督检查与财政和审计等有关部门的财务监督检查相结合，与金融监管机构对金融机构及其金融活动的合法性监督管理相结合，与金融机构内部审计和稽核部门的监督检查相结合，从而使我国的金融机构监督体系和机制更加趋于完善。

第三，加强对金融机构管理者的监督。监事会在进行财务等方面监督检查的同时，对国有金融机构主要负责人的经营管理行为进行规范化、系统化评估，把对“事”的监督检查和对“人”的监督结合起来，有利于管理者增强自律理念，克服追求短期绩效等行为。

第四，促进金融机构加强管理、提高效益。通过监事会和政府有关部门、金融监管机构共同加强监督检查工作，有利于国有金融机构及时发现和纠正存在的问题，从业务经营、资产质量、收支状况等方面入手，深化改革，健全制度，加强管理，防范风险，提高效益，因此也有利于金融机构更好地支持国民经济和现代化建设事业的发展。

第八章

金融全球化——一场没有硝烟的货币战争

第一节　资本是如何在全球范围内扩张的

金融全球化是指世界各国、各地区在金融业务、金融政策等方面相互交往和协调、相互渗透和扩张、相互竞争和制约已发展到一定水平，进而使全球金融形成一个联系密切、不可分割的整体。

发达国家金融资本雄厚，金融体系成熟，调控手段完备，基础服务设施完善；以发达国家为基地的跨国金融机构规模庞大，金融创新层出不穷；与之对应，全球金融规则也主要来自发达国家，这些规则总体上有利于其金融资本在全球范围内实现利益最大化。

信息技术的发展，为金融全球化提供了技术手段。当代发达的电子计算机技术为全球性金融活动提供了前所未有的便利。特别是随着互联网技术的日益成熟、电子货币的普及，网络银行和网上交易将突破国界在全球铺开，全球金融市场越来越被连接成为一个整体，金融市场的同质性进一步提高。金融业跨国发展，金融活动按全球同一规则运行，同质的金融资产价格趋于等同，巨额国际资本在不同国家或地区之间做单向、双向或多向流动。国际资本流动的具体形式包括：贷款、援助、出口、进口、投资、增加债务、取得债权、利息收支、外汇买卖、证券发行与流通等。

国际资本流动，按其流动方向，可分为国际资本流入和国际资本流出。资本流入表现为本国对外国负债增加和本国在外国的资产减少，或者说外国在本国资产的增加和外国对本国负债的减少；资本流出，表现为本国对外国负债减少和本国在外国资产增加，或者说外国在本国的资产减少和外国对本国的负债增加。对一个国家或地区来讲，总会存在资本流动，只不过流动的比例不同而已。一般来说，发达国家是主要资本流出国，发展中国家是主要资本流入国。在当今世界，国际资本又倾向于在发达国家之间对流。

在金融全球化进程中，随着参与全球化的金融主体越来越多，国际资本也在不断扩大。在其中，既有长期投资的资本，也有短期投机的资本。目前，在全球市场中出入的国际投机资本大约有7.2万亿美元，相当于全球每年GDP总和的20%。应该说，长期资本的投入有利于一国经济的稳定和发展，而短期游资的逐利和投机，则易引发一国的金融动荡。这就是所谓的恶性投机。恶性投机主要有两种方式：第一，以经济利益为目的的恶性投机；第二，投机者不是以追求盈利为目的，而是基于某种政治理念或对某种社会制度的偏见，动用大量资金对某国货币进行刻意打压，由此阻碍、破坏该国经济的正常发展。无论是哪种投机，都会导致资本的大规模外逃，并会导致该国经济的衰退。亚洲金融危机就是一个例子。

金融全球化在对各国经济和金融的影响中，同时具有正、负两种效应。出于研究的需要，在这里我们着重分析它对发展中国家的双重影响。对发展中国家而言，金融全球化的正效应体现为：

第一，金融全球化有利于发展中国家从国际市场引入外资。发展中国家由于自身发展比较落后，普遍面临着资金短缺的矛盾。随着金融全球化的拓展，相当多的资金流向了发展中国家和地区，这在一定程度上弥补了其经济发展的资金缺口，并带动了技术的扩散和人力资源的交流。

第二，金融全球化有利于发展中国家学习发达国家金融运作的先进经验，提高自身的金融效率。发达国家由于市场经济建立较早，金融体系较为完善，金融风险控制机制严密，这就给发展中国家提供了很好的学习借鉴机会。同时，金融全球化还提高了国内外金融业之间的竞争程度，迫使发展中国家金融机构利用金融创新减少交易成本，提高运作效率。

金融全球化对发展中国家的负效应主要表现在：

第一，金融全球化使发展中国家民族金融业的生存面临巨大压力。发展中国家参与金融全球化，符合自身长远利益。但是，由于其金融业处于弱势地位，抵御金融风险的能力还较差。如果外国金融机构大规模进入，势必给其民族金融业造成巨大的生存压力，金融体系遭受冲击将是不可避免的。

第二，金融全球化为国际游资制造风险提供了条件。金融全球化虽然有利于资本在国际间自由流动。但是，出于逐利的动机，国际游资会利用发展中国家利率、汇率管制放开后产生的金融产品价格波动，大量涌入发展中国家套利和套汇。加之目前国际上尚未对投机资本提供必要的约束机制，若有风吹草动，国际游资就会从所在国大量撤走，从而引发严重的金融动荡。

第三，金融全球化加剧了发展中国家经济的泡沫化程度。在过去20多年中，发展中国家从国际市场筹集到的大笔资金被过度投入股市和楼市进行炒作。同时，国际投机资本也乘虚而入。在巨量资金的支撑下，证券、房地产市场逐渐脱离了经济发展的基本面而飙升，并逐步演变为泡沫经济。

第四，金融全球化给发展中国家的金融监管和调控带来严峻挑战。金融全球化意味着金融资本在全球范围内自由流动与获利。出于获利的需要，国际上许多金融资源被无序、过度开发，金融投机性凸显。加之现代金融交易工具发展迅速，极短时间内即可完成巨额资金的交易与转移，其去向不确定性很大。这既给发展中国家金融监管与调控带来严峻的挑战，也削弱了其货币政策的调控力度。

第二节　世界金融市场由国际金融组织引领

对于经常看新闻，关注世界时事的人来说，世界银行、国际货币基金组织之类的名词应该并不陌生。类似下面的新闻经常出现在电视、报纸上：

2009年12月6日，巴勒斯坦与世界银行和其他援助方签署了6400万美元的援助协议，以推进巴勒斯坦的建国步伐。

国际货币基金组织7月8日宣布，该组织执行董事会完成了对希腊提供第五批救助贷款的审查，批准立即向希腊拨付相当于29亿特别提款权（约合42亿美元）的救助贷款。国际货币基金组织在一份声明中称，加上这批贷款，该组织拨付给希腊的救助贷款总额达到156亿特别提款权。

看到这些报道，大家肯定心里有个疑问，这些组织都是干吗的呢？在本文中我们就揭开这些国际金融界“大家伙”的面纱，了解一下他们的真面目。

1.世界银行

世界银行是世界银行集团的俗称，世界银行集团包括国际复兴开发银行、国际开发协会、国际金融公司、多边投资担保机构和解决投资争端国际中心。这五个机构分别侧重于不同的发展领域，但都运用其各自的比较优势，协力实现其共同的最终目标——减轻贫困。而“世界银行”这个名称一直用于指代国际复兴开发银行和国际开发协会。

世界银行成立最早是为了给西欧国家战后复兴提供资金援助，1984年后转变为帮助发展中国家提高生产力，帮助他们建设教育、农业和工业设施，促进社会进步和经济发展，改善和提高人民生活水平。

世界银行集团的主要业务机构有国际复兴开发银行、国际开发协会和国际金融公司，这三个机构经常出现在人们视野中，下面就让我们分别了解一下这三个机构。

（1）国际复兴开发银行是与国际货币基金组织同时成立的另一个国际金融机构，也是联合国的一个专门机构。

国际复兴开发银行成立于1945年12月，1946年6月25日正式开始营业。当时以美国为代表的许多国家认为，为了在第二次世界大战结束后能够尽快恢复受战争破坏的各国经济、开发发展中国家经济，有必要成立这样一个国际性金融组织，利用其自有资金和组织私人资本，为生产性项目提供贷款或投资。

《国际复兴开发银行协定》的宗旨是：为生产性投资提供便利，协助成员国的经济复兴以及生产和资源开发；促进私人对外贷款和投资；鼓励国际投资，开发成员国的生产资源，促进国际贸易长期均衡发展，维持国际收支平衡；配合国际信贷，提供信贷保证。

（2）国际开发协会成立于20世纪50年代。当时的背景是，亚洲、非洲、拉丁美洲地区的发展中国家经济十分落后，外债负担沉重，自有资金严重不足，迫切需要获得大量外来资金摆脱困境、发展经济。而与此同时，国际货币基金组织、国际复兴开发银行的贷款门槛偏高，贷款数量有限，无法满足上述国家免息低息、数量庞大的贷款需求。

在这种情况下，1958年，美国提议建立一个能为上述国家提供优惠贷款的开发性国际金融机构。1960年，世界银行集团正式成立国际开发协会并开始营业，总部设在美国首都华盛顿。

国际开发协会的宗旨是：向符合条件的低收入国家提供长期优惠贷款，帮助这些国家加速经济发展，提高劳动生产率，改善人民生活。

国际开发协会与国际复兴开发银行虽然在法律地位、财务上相互独立，可是在组织机构上却是中国人熟悉的“两块牌子、一套人马”。

（3）国际金融公司是作为世界银行的重要补充，为成员国的私营企业提供国际贷款的机构。因为《国际复兴开发银行协定》规定，世界银行的贷款对象只能是成员国政府，如果对私营企业贷款必须由政府出面担保；而且，世界银行只能经营贷款业务，不能参与股份投资，也不能为成员国私营企业提供其他有风险的贷款业务。这样一来，就在很大程度上限制了世界银行的业务范围，不利于发展中国家发展民族经济。

国际金融公司的宗旨是：为发展中国家的私营企业提供没有政府机构担保的各种投资，促进外国私人资本在发展中国家的投资，促进发展中国家资本市场的发展。

2.国际货币基金组织

另一个可以跟世界银行相提并论的国际金融组织是国际货币基金组织。国际货币基金组织是联合国的一个专门机构，是为了协调国际间的货币政策、加强货币合作建立起来的国际金融机构，1945年12月成立、1947年3月开始办理业务，总部设在美国首都华盛顿。

根据《国际货币基金协定》，国际货币基金组织是一个永久性国际货币机构，目的是要促进国际贸易的扩大和均衡发展、提高成员国就业和实际收入水平、开发成员国的生产资源、促进汇率稳定、维护正常汇兑关系。它的根本任务是为成员国提供短期贷款、调剂国际收支、维持汇率稳定。

国际货币基金组织每年举行一次年会，最高行政长官是总裁。总裁由执行董事会推选，任期5年。执行董事会由24名执行董事组成，其中8名由占基金份额最多的成员国（美国、英国、德国、法国、日本、中国、俄罗斯、沙特阿拉伯）指派，其余16名由各选区选举产生（中国由于是单独选区，亦有一席），任期2年。

国际货币基金组织的资金来源，主要是成员国缴纳的基金份额、借款和信托基金。其中，成员国缴纳的基金份额是大头，它在性质上相当于股份公司的入股资金，属于货币基金组织的自有财产。

每个成员国缴纳份额的多少，主要取决于这个国家的国民收入、黄金外汇储备、平均进口额、出口变化率、出口额占国民收入比例等，每5年调整一次。

国际货币基金组织的一切活动，几乎都与基金份额的多少有关。由于美国在所有基金组织成员国家中所缴份额最多，所以美国对国际货币基金组织的政策和方针拥有否决权。

各成员国缴纳的份额原来是用美元为计算单位的，1969年9月后改成以特别提款权为计算单位。这一改动的目的，主要是为了补充国际储备资产的不足，限制美元的作用。在1971年美国停止美元兑换黄金之前，1特别提款权等于1美元；从1974年开始特别提款权与黄金脱钩，1981年开始按照美元、前西德马克、法国法郎、日元、英镑5种货币的不同权数进行计算，每5年调整一次。

中国是国际货币基金组织创始国之一。1980年4月17日，该组织正式恢复中华人民共和国的代表权。2010年前，中国的基金份额为80.901亿特别提款权，占总份额的3.72%。2010年中国的基金份额由过去的3.65%升至6.19%，超越德、法、英，位列美国和日本之后。

20世纪50年代末以前，国际货币基金组织一直处在美国的绝对操纵和控制之下。正因为如此，美国才得以建立一个以美元为中心的国际货币体系，使美元取得了主要国际储备货币的地位。

3.国际清算银行

还有一个很大的国际金融组织是国际清算银行，国际清算银行是西方主要国家中央银行共同创办的国际金融机构，具体是指美国的几家银行集团与英国、法国、德国、意大利、比利时、日本等国家的中央银行在1930年共同出资创办的，总部设在瑞士巴塞尔，享有国际法人资格以及外交特权和豁免权，并且不需要纳税。

成立国际清算银行，最早的目的是处理第一次世界大战后德国对协约国赔偿的支付，以及处理同德国赔款的“杨格计划”的相关业务。后来则转变为促进各国中央银行之间的合作，为国际金融业务提供便利条件，作为国际清算的代理人或受托人。

说得更明确一点就是，最早美国是要利用这个机构来掌握德国的财政，并且把欧洲债务国偿还美国的债务问题置于美国监督之下。1944年布雷顿森林会议后，国际清算银行的使命实际上已经完成了，是应当解散的，但美国仍然把它保留了下来，并作为国际货币基金组织和世界银行的附属机构。国际清算银行不是政府之间的金融决策机构，它实际上相当于西方国家中央银行的银行。

中国于1984年与国际清算银行建立业务联系，办理外汇与黄金业务；派员参加国际清算银行股东大会，以观察员身份参加年会。国际清算银行从1985年起开始对中国提供贷款，并于1996年接纳中国、中国香港、巴西、印度、俄罗斯等加入该组织。

国际清算银行的服务对象是各国中央银行、国际组织（如国际海事组织、国际电信联盟、世界气象组织、世界卫生组织）等，不办理个人业务。目前，全球各国的外汇储备约有1/10存放在国际清算银行。这样做的好处是：外汇种类可以自由转换；免费储备黄金，并且可以用它作抵押取得85%的现汇贷款；可以随时提取，不需要说明任何理由。

第三节　什么是三元悖论

在现代金融理论中有一个非常著名的“不可能三角”理论。一个国家不可能同时实现资本流动自由、货币政策的独立性和汇率的稳定性这三个目标。也就是说，一个国家只能拥有其中两项，而不能同时拥有三项。如果一个国家既想允许资本自由流动，又要求拥有独立的货币政策，那么就难以保持汇率稳定；如果要求汇率稳定和资本自由流动，就必须放弃独立的货币政策；如果要求拥有独立的货币政策和保持汇率稳定，就必须对资本流动进行限制。

20世纪50年代，加拿大经济学家罗伯特·蒙代尔在研究了当时的国际货币体系和国际贸易发展后，首次提出了支持固定汇率制度的观点。随后另一位经济学家J.马库斯·弗莱明也提出了类似的观点。60年代，蒙代尔和弗莱明共同建立了“蒙代尔—弗莱明模型”，对固定汇率制度下货币政策的使用进行了十分经典的分析。该模型指出，在没有资本流动的情况下，货币政策在固定汇率制度下在影响与改变一国的收入方面是有效的，在浮动汇率制度下则更为有效；在资本有限流动情况下，整个调整结构与政策效应与没有资本流动时基本一样；而在资本完全可流动情况下，货币政策在固定汇率制度下在影响与改变一国的收入方面是完全无能为力的，但在浮动汇率制度下，则是有效的。由此得出了著名的蒙代尔“不可能三角”理论，即货币政策独立性、资本自由流动与汇率稳定这三个政策目标不可能同时达到。

“不可能三角”理论从第二次世界大战后国际货币体系的发展中已经得到验证：在1945～1973年的布雷顿森林体系中，各国“货币政策的独立性”和“汇率的稳定性”得到实现，但“资本流动”受到严格限制；而1973年以后，“货币政策独立性”和“资本自由流动”得以实现，但“汇率稳定”不复存在。“不可能三角”理论的妙处，在于它提供了一个一目了然地划分国际经济体系各形态的方法。

1997年爆发的亚洲金融危机再次证明了“不可能三角”理论的正确性。泰国、印尼等东南亚国家在保持货币政策的独立性和资本流动自由的前提下，汇率剧烈波动，最后不得不以大幅贬值而告终。随后国际货币基金组织开出的“治疗处方”就是以牺牲货币政策的独立性（即部分让渡货币政策的主权）为代价，获取资本自由流动和汇率稳定的目标。

1999年，美国经济学家保罗·克鲁格曼在仔细研究亚洲金融危机的过程及原因后，根据蒙代尔“不可能三角”画出了一个三角形，并称其为“永恒的三角形”，进一步展示了“蒙代尔三角”的内在原理。克鲁格曼还为此专门取了一个名字，即“三元悖论”。

通常来讲，一个国家的货币政策目标有三种：货币政策的独立性，汇率的稳定性和资本的完全流动性。根据三元悖论，在资本流动、货币政策的独立性和汇率制度三者之间只能进行以下三种选择：

第一，保持本国货币政策的独立性和资本的完全流动性，必须牺牲汇率的稳定性，实行浮动汇率制。这是由于在资本完全流动条件下，频繁出入的国内外资金带来了国际收支状况的不稳定，如果本国的货币当局不进行干预，即保持货币政策的独立性，那么本币汇率必然会随着资金供求的变化而频繁地波动。利用汇率调节自动机制将汇率调整到真实反映经济现实的水平，可以改善进出口收支，影响国际资本流动。虽然汇率调节机制本身具有缺陷，但实行汇率浮动确实较好地解决了“三难选择”。但对于发生金融危机的国家来说，特别是发展中国家，信心危机的存在会大大削弱汇率调节机制的作用，甚至起到恶化危机的作用。当汇率调节机制不能奏效时，为了稳定局势，政府的最后选择是实行资本管制。

第二，保持本国货币政策的独立性和汇率稳定，必须牺牲资本的自由流动性，实行资本管制。在金融危机的严重冲击下，在汇率贬值无效的情况下，唯一的选择是实行资本管制，实际上是政府以牺牲资本的完全流动性来维护汇率的稳定性和货币政策的独立性。大多数经济不发达的国家，都是实行的这种政策组合。这一方面是由于这些国家需要相对稳定的汇率制度来维护对外经济的稳定，另一方面是由于他们的监管能力较弱，无法对自由流动的资本进行有效的管理。

第三，维持资本的完全流动性和汇率的稳定性，必须放弃本国货币政策的独立性。根据蒙代尔—弗莱明模型，资本完全流动时，在固定汇率制度下，本国货币政策的任何变动都将被所引致的资本流动的变化而抵消其效果，本国货币政策丧失自主性。在这种情况下，本国或者参加货币联盟，或者更为严格地实行货币局制度，基本上很难根据本国经济情况来实施独立的货币政策对经济进行调整，最多是在发生投机冲击时，短期内被动地调整本国利率以维护固定汇率。可见，为实现资本的完全流动与汇率的稳定，本国经济将会付出放弃货币政策自主权的巨大代价。

中国由于从计划经济转向市场经济的历史还比较短暂，国民经济抵御市场风险的能力以及进行宏观调控的政策手段和法律体系还不健全，因而中国采取了上述第二种模式，即保持中国货币政策的独立性和稳定汇率，而对资本的自由流动进行了限制。但随着人民币国际化呼声越来越高，资本的自由流动将会在不久的将来得以实现，届时中国将会从第二种模式转为第一种模式，即保持本国货币政策的独立性和资本的完全流动性，放弃固定汇率制，而实行浮动汇率制。

中国香港特别行政区，作为一个独立的经济体，则采取了上述第三种模式：即维持资本的自由流动和对美元的联系汇率，而放弃了自身独立的货币政策。

第四节　离岸美元的自由论是什么意思

开曼群岛是一个位于加勒比海西北部，面积260多平方公里，人口5万的英国殖民地。然而，就是这样一块弹丸大小的英国海外领土，却以离岸金融服务而享誉世界。

这里不仅是一块离岸投资乐土，也是大量经验丰富的法律和金融专业人士的汇集地。作为成功的离岸金融中心，开曼群岛拥有发达的金融服务业，全世界最大的25家银行几乎都在开曼设有子公司或分支机构，岛内的金融业、信托业总资产已超过2500亿美元，占欧洲美元交易总额的7%。全球50%以上的对冲基金都在此注册，严格的隐私权法律使其成为颇受欢迎的目的地。此外，每年平均约有4300家公司在此注册成立。在这里注册的知名公司，有美国的可口可乐公司、英特尔公司、甲骨文公司、宝洁公司，也有中国的互联网公司，如人人网、当当网、世纪佳缘等。

对于普通读者来说，离岸金融这个概念还比较陌生。而在国际金融市场上，货币离岸经营是一种普遍现象，在国际贸易、世界货币大战中，离岸金融都发挥着重要作用。

所谓离岸货币，是指在国外存放并进行交易、不受货币发行国金融法令管制的货币。需要指出的是，这仅仅是指银行存款，不包括现金。相应地，没有离岸的传统货币就叫在岸货币，前者的金融市场称之为离岸金融中心、后者的金融市场称之为在岸金融中心。

例如，英国某银行吸收的美元存款就叫离岸美元，新加坡某银行吸收的英镑存款就叫离岸英镑。

离岸金融就是指设在某国境内但与该国金融制度无甚联系，且不受该国金融法规管制的金融机构所进行的资金融通活动。

如果一家信托投资公司将总部设在巴哈马群岛，其业务活动却是从欧洲居民或其他非美国居民那里吸收美元资金，再将这些资金投放于欧洲居民或非美国居民中，该公司便在从事离岸金融活动。从严格意义上讲，离岸金融也就是不受当局国内银行法管制的资金融通，无论这些活动发生在境内还是在境外。如美国的国际银行业设施（IBF）和东京离岸金融市场的业务活动等，均属离岸金融。

离岸银行又称离岸单位，是设在离岸金融中心的银行或其他金融组织。其业务只限于与其他境外银行单位或外国机构往来，而不允许在国内市场经营业务。

离岸金融市场又称境外金融市场。它采取与国内金融市场相隔离的形态，使非居民在筹集资金和运用资金方面不受所在国税收和外汇管制及国内金融法规的影响，方便其进行自由交易。

最早的离岸货币出现在欧洲，所以也叫欧洲货币。20世纪60年代之前，全球只有为数很少的离岸金融中心，而且当地金融和法律人才也屈指可数，它们与世界其他地区的联系也相当有限。随着20世纪60年代欧洲国家的经济复兴，欧洲又在欧洲美元的基础上扩展出了欧洲英镑、欧洲马克、欧洲法郎等离岸金融市场，统称为欧洲货币市场。随后，进一步扩展到亚洲、拉丁美洲、中东等地，形成一个个离岸金融中心，开曼群岛只是其中的代表之一。

离岸金融业务迅速发展的主要原因是：离岸银行不必持有准备金，其经营成本低于国内银行；离岸银行不受利率上限的约束，即它们对存款户支付的利率可高于银行对国内存款户支付的利率，而且可以对活期存款支付利息；离岸金融享受税收上的优待。

在过去40多年里，离岸金融中心很大程度上改变了企业或个人理财、经营的方式。国际货币基金组织于2000年发布的一份报告显示：离岸金融中心拥有全球约50%的跨国资产，几乎全球1/3的国内生产总值（GDP）和一半的货币存量在某一阶段与离岸金融中心有关。

离岸金融的大发展也并非没有弊端，随着银行结算电子化技术的发展，各国金融市场越来越开放。离岸金融市场的借款人背景比较复杂，贷款数额巨大，从而埋下了风险隐患；离岸账户和在岸账户之间很容易发生资金转移，这为黑社会洗钱提供了方便。

虽然目前人民币还不是完全可兑换货币，所以从法律上看还不能行使世界货币职能，人民币的海外离岸市场还无法形成。不过，我国国内的金融机构已经可以吸收外币存款并且发放外币贷款，有关离岸美元的业务也已经在开始试点了。

第五节　国际金融中心掌控了世界金融市场

国际金融中心是指能够提供最便捷的国际融资服务、最有效的国际支付清算系统、最活跃的国际金融交易场所的城市。其基本特征是金融市场齐全、服务业高度密集、对周边地区甚至全球具备辐射影响力。全世界的资金都在它这里流转发酵、全世界的危机都要经过这里放大传播。

目前，公认的全球性国际金融中心有伦敦、纽约、东京。此外，世界上还存在一些区域性的国际金融中心，如欧洲的法兰克福、苏黎世，亚洲的中国香港及新加坡等。

纽约是全世界最重要的国际金融中心。谈纽约则不能不谈华尔街。华尔街是位于纽约市曼哈顿区南部的一条街道，全长不足500米。18世纪后期，纽约的一些证券经纪人和投机商开始在华尔街68号前的一棵梧桐树下进行非正式的证券买卖。1792年5月17日，24名经纪人在这棵梧桐树下共同订立了一项协议，将非正式的买卖转化为正式的联盟，约定所有签订协议的成员在进行证券买卖时，都要收取不低于0.25%的佣金。后来人们把这项协议称为《梧桐树协议》。《梧桐树协议》是华尔街作为美国金融中心正式起步的标志。经过300多年的发展，现在的华尔街已发展成为地球人都知道的金融帝国，有2900多家金融和外贸机构云集于此，著名的纽约证券交易所和美国证券交易所也都设在这里。

伴随着美国经济的崛起，华尔街在世界金融体系中的地位也逐渐提升。1944年，布雷顿森林会议召开，确定了以美元为中心的新的国际货币体系，整个世界开始进入“美元本位”时代，世界金融重镇也由欧洲的伦敦转移到了美国的华尔街，美国人取代英国人成为新的世界经济盟主。华尔街作为当代世界的全球金融中心，它的任何风吹草动很快就能影响到整个欧美市场，并波及全球。

伦敦是仅次于纽约的国际金融中心。说到这里，就不能不提伦敦金融城。它位于伦敦市中心，是一个面积约1平方英里的“城中城”。然而，它却被誉为英国的经济中心，它为英国贡献了超过2%的国内生产总值，伦敦人都习惯称之为“那一平方英里”。

金融城最初只是商人们聚在一起喝咖啡、谈生意的地方。渐渐地，货物运输和保险业在这里发展起来，使之成为英国经济活动的中心。从18世纪初开始，金融城逐渐成为英国乃至全球金融市场的中心，并被称为世界的银行，在各类金融服务方面的经验博大精深。

英格兰银行、伦敦证券交易所和劳埃德保险市场（又名劳合社）更是伦敦金融城的重中之重。创始于公元1801年的伦敦证券交易所，离英格兰银行仅百步之遥。其经营的各种债券、股票达7000多种，超过610家的外国公司股票在此发行上市，总市值逾1万亿英镑。劳埃德是世界最早和最大的保险交易市场，它的作用有点类似证券交易所，旗下聚集了71家保险财团的762家保险公司和2000名个人保险业者。

伦敦金融城的外汇交易额、黄金交易额、国际贷放总额、外国证券交易额、海事与航空保险业务额以及基金管理总量均居世界第一。名列世界500强的企业有375家都在金融城设了分公司或办事处，有超过480家的外国银行在这里开业经营，全球20家顶尖保险公司也都在这里有自己的公司。每天的外汇交易额达10000多亿美元，是华尔街的2倍，约占全球总交易量的32%。此外，金融城还管理着全球4万多亿美元的金融资产。由此可见，金融城被誉为"全球经济动力之都"，实不为过。伦敦作为国际金融中心的全部概念，几乎都是在金融城得以演绎和体现的。

东京的全球第三大国际金融中心地位现在其实已经有点摇摇欲坠。一方面是因为日本从"失落的十年"一直到现在，经济始终不见起色；另一方面随着亚洲经济的奇迹式增长，很多以前的小字号已经有了跟东京一较高下的实力，比如中国香港和新加坡，都很有希望挑战东京的地位。

日本在19世纪中叶明治维新后，现代金融业开始发展。1872年明治政府参照美国银行制度制定了《国立银行条例》。1882年又颁布了《日本银行法》，成立了中央银行——日本银行。在此前后，商业银行和储蓄银行也相继成立。19世纪末，为适应经济发展的需要，明治政府又先后创立了一批专门经营长期金融业务和外汇业务的特殊金融机构。此时，现代金融制度在法律上趋于完善，东京金融市场的基础逐步形成。

第二次世界大战后，日本的金融机构经过整顿，到20世纪50年代初期，东京的金融业恢复正常活动。50年代后期到70年代初期日本经济高速发展，东京也成为世界重要的金融中心之一。在日本经济的泡沫阶段，东经金融市场的繁荣达到顶峰。

和全球金融中心相比，区域金融中心的辐射范围和影响力要小一些。它主要是对所在区域经济和金融的发展产生作用和影响。

法兰克福作为世界著名金融中心，全世界十大银行中有九家、五十大银行中有四十六家在此地立足，有五十多个国家的二百家外国银行在这里设立分行或办事处，其中包括中国银行。德国的三大商业银行，即德意志银行、德雷斯顿银行和商业银行的总部全都设在此地。此外还有340多家银行，共33000多人在这里从事银行业。但最引人注目的还是法兰克福证券交易所，这是规模仅次于纽约和东京的证券交易所，有6900种各国证券和股票在这里上市和交易。交易所设在一座建于1879年的古典风格大楼里，游客可在楼上观看交易活动。交易厅的一面墙壁上，是90平方米大小的显示荧幕，由计算机控制，上边各大企业的股票价格清晰可见，是德国经济的晴雨表。最特别的自然是证券交易所门前空地的牛雕像和熊雕像，分别代表股市的牛市和熊市。

苏黎世是另一个重要的国际金融市场。瑞士原本是一个传统的债权国，其中央银行（瑞士国家银行）设在苏黎世。苏黎世作为国际金融中心具备许多有利的条件：瑞士从1815年起成为永久中立国，没有受到历次战争的破坏，瑞士法郎又长期保持自由兑换，因此，在国际局势紧张时期，瑞士成为外国游资的避难场所，黄金、外汇交易十分兴隆。同时，它对资本输出没有什么限制，具备国际游资分配中心的作用；它保护私人财产，允许资本自由移动；瑞士的政治、经济稳定且有连续性；瑞士法郎是世界上比较稳定的货币之一。第二次世界大战后欧洲经济的恢复和发展促进了苏黎世金融市场的发展。

中国香港是国际金融中心，金融机构和市场紧密联系。政府的政策是维持和发展完善的法律架构、监管制度、基础设施及行政体制，为参与市场的人士提供公平的竞争环境，维持金融及货币体系稳定，使香港能有效地与其他主要金融中心竞争。香港地理环境优越，是连接北美洲与欧洲时差的桥梁，与内地和其他东南亚经济体系联系紧密，又与世界各地建立了良好的通信网络，因此能够成为重要的国际金融中心。此外，资金可以自由流入和流出本港，也是一项重要的因素。香港金融市场的特色是资金流动性高。市场根据有效、透明而又符合国际标准的规则运作。香港的本地专才众多，海外专业人士来港工作也十分容易，这一点也有利于香港金融市场的发展。

新加坡是一个面积很小的国家，1965年才取得独立。新加坡自然资源缺乏，国内市场狭小，这对一个国家的经济发展是不利因素。但新加坡也存在许多优势。首先，新加坡的地理位置优越，而且基础设施比较发达，使得它成为东南亚的重要港口和贸易中心，也为金融业的发展奠定了基础；其次，英语在新加坡广泛使用，而英语是国际金融业中通用的语言，这就为新加坡金融业的发展提供了有利条件。到70年代初，新加坡已经发展成为亚太地区金融业最发达的国家，成为亚洲美元市场的中心。通过新加坡金融市场，地区外的资金得以被吸收到东南亚地区，满足当地经济发展对资金的需求。对新加坡自身而言，金融业的发展促进了经济发展，而经济发展又为金融的进一步深化提供了动力。

第六节　国际间货币流通主要依靠国际货币体系

国际金融体系是指调节各国货币在国际支付、结算、汇兑与转移等方面所确定的规则、惯例、政策、机制和组织机构安排的总称。

国际金融体系是国际货币关系的集中反映，它构成了国际金融活动的总体框架。在市场经济体制下，各国之间的货币金融交往，都要受到国际金融体系的约束。

国际金融体系的主要内容有：

（1）国际收支及其调节机制。即有效地帮助与促进国际收支出现严重失衡的国家通过各种措施进行调节，使其在国际上能公平地承担国际收支调节的责任和义务。

（2）汇率制度的安排。由于汇率变动直接影响到各国之间经济利益的再分配，因此，形成一种较为稳定的、为各国共同遵守的国际间汇率安排，成为国际金融体系所要解决的核心问题。一国货币与其他货币之间的汇率如何决定与维持，一国货币能否成为自由兑换货币，是采取固定汇率制度，还是采取浮动汇率制度，或者采取其他汇率制度，等等，都是国际金融体系的主要内容。

（3）国际储备资产的选择与确定。即采用什么货币作为国际间的支付货币；在一个特定时期中心储备货币如何确定，以维护整个储备体系的运行；世界各国的储备资产又如何选择，以满足各种经济交易的要求。

（4）国际间金融事务的协调与管理。各国实行的金融货币政策，会对相互交往的国家乃至整个世界经济产生影响，因此如何协调各国与国际金融活动有关的金融货币政策，通过国际金融机构制定若干为各成员国所认同与遵守的规则、惯例和制度，也构成了国际金融体系的重要内容。

国际金融体系自形成以来，经历了金本位制度、布雷顿森林体系和现行的牙买加体系。

在第一次世界大战之前，世界经济处于金本位制度下，大多数国家的货币可直接兑换黄金。将各国货币和黄金相挂钩，就形成了各国货币之间汇率固定的国际金融体系。金本位制度下的固定汇率，消除了由汇率波动引起的波动性，有利于促进世界贸易的发展。但坚持金本位制度也意味着一个国家不能控制它的货币政策。

第一次世界大战给世界贸易造成了极大破坏。各国不再将货币兑换成黄金，金本位制度由此崩溃。1944年7月，第二次世界大战盟军的胜利已成定局，参加筹建联合国的美国、苏联、中国、英国、法国等44个国家的代表在美国新罕布什尔州布雷顿森林举行了联合国国际货币金融会议，由此建立起以美元为中心的国际货币体系——布雷顿森林体系。这一体系中美元和黄金直接挂钩，其他国家货币则与美元挂钩，实行可调整的固定汇率制。这个机制从1945年一直持续到1971年。根据《布雷顿森林协定》，国际货币基金组织和世界银行宣布成立。国际货币基金组织负责向成员国提供短期资金，保障国际货币体系的稳定；世界银行则提供长期信贷来促进世界经济的复苏和发展。然而，布雷顿森林体系也存在着很大的局限性和缺陷。

20世纪60~70年代，随着国际经济和金融局势的变化和发展，美国国内黄金储备大量流失，美元多次经历贬值危机，布雷顿森林体系越来越不适应形势的需要。尤其是美元承担的两个责任：保证美元按官定价格兑换黄金以维持各国对美元的信心和提供足够的国际清偿力之间是矛盾的。1971年，布雷顿森林体系崩溃。

布雷顿森林体系崩溃后，各国普遍实行了浮动汇率。汇率的变动由外汇市场的供求情况决定，汇价的波动加剧了国际金融市场的动荡与混乱。许多国家为避免美元汇率变动对美元外汇储备所产生的影响，开始实行储备货币多元化，将美元外汇储备分别兑换成联邦德国马克、英镑和日元等货币，以便各种储备货币汇率涨落可以互相抵消，从而达到维持外汇储备的购买力，稳定外汇储备价值的目的。

以美元为中心的国际货币制度解体以后，美元虽然失去了国际货币制度中唯我独尊的地位，但这并不意味着美元的影响和作用马上消失。由于美国的世界第一经济大国地位在未来几十年内不会发生改变，因而注定美元还将继续发挥重要作用，西欧和日本的经济实力虽然增强了，但还不具备取代美元地位的实力。同时美国也不甘心让美元的霸权地位就此消失，必然要采取各种措施继续保持美元在国际金融领域的地位和影响。这些情况加剧了主要西方国家在国际货币领域里的激烈争夺，使国际货币金融关系更加复杂化。

1974年6月，由11个发达国家和9个发展中国家组成的“国际货币制度临时委员会”，向国际货币基金组织递交了一份“国际货币体系改革草案”，对黄金、汇率、储备资产、国际收支的调节等问题提出了一些原则性的建议。

1976年1月，国际货币基金组织理事会在牙买加首都金斯敦举行会议，经过激烈争吵，与会各国就有关国际货币制度改革问题初步达成一致意见，并建议对《国际货币基金协定》相关条款进行修改。1976年4月，国际货币基金组织理事会通过了《国际货币基金协定》的修改方案，随即开始送交各成员国完成立法批准手续。

1978年4月1日，修改后的《国际货币基金协定》正式生效。由于这个协定是1976年1月牙买加会议的产物，所以通常又称为“牙买加协定”。随着1944年的“布雷顿森林协定”被1976年的“牙买加协定”所代替，国际货币体系也正式由“布雷顿森林体系”过渡到“牙买加体系”。

从严格意义上来说，“牙买加协定”并没有对国际货币制度进行根本性的改革，实际上它只是一个改革的起点。如果说在布雷顿森林体系下，国际金融危机是偶然的、局部的，那么，在牙买加体系下，国际金融危机就成为经常的、全面的和影响深远的。1973年浮动汇率普遍实行后，西方外汇市场货币汇价的波动、金价的起伏经常发生，小危机接连不断，大危机也时有发生。1978年10月，美元对其他主要西方货币汇价跌至历史最低点，引起整个西方货币金融市场的动荡。这就是著名的1977～1978年西方货币危机。由于金本位与金汇兑本位制的瓦解，信用货币无论是种类还是金额都大大增加。20世纪80年代后，西方各国的信用货币普遍占到广义货币流通量的90%以上，各种形式的支票、支付凭证、信用卡等种类繁多。货币供应量的增长速度大大超过了国民经济的增速，从而导致通货膨胀的逐年加剧，而国民经济的发展对信用货币的依赖却越来越深。总之，现行的“牙买加体系”被人们普遍认为是一种过渡性的、不健全的国际货币体系，还需要对它进行彻底的改革。

第九章

金融政策及金融调控，是金融市场里一双看不见的手

第一节　市场化改革中的利率变化

所谓利率市场化，是指中央银行只控制基准利率，金融资产的交易利率由金融市场的资金供求关系决定，包括利率决定、利率传导、利率结构和利率管理的市场化，从而形成多样化的利率体系和市场竞争的利率形成机制。

在利率市场化的金融市场中，金融交易主体享有利率决定权，利率结构、期限结构和风险结构由市场选择。实行利率市场化的国家，中央银行放弃了对市场利率的直接管制，通过间接手段调整基准利率来影响和引导市场利率，由金融市场交易双方直接决定某一项金融资产的利率。简而言之，利率市场化是由金融市场资金供求关系来决定利率水平和结构的机制。

成功施行这个机制之后会变成什么样呢？因为利率是参与金融活动的主体自己决定的，而不是国家规定死的，就可能会出现这种情况：甲、乙、丙三人在同一个银行存款的利率都不一样；A、B、C三家银行对于申请的贷款各自开出了不同的利率条件。

那么，利率市场化好在哪里？为什么我们要进行利率市场化改革呢？

其一，利率市场化是市场经济的必然要求。市场经济的一大特点就是商品价格由供求关系所决定，自由浮动，这样就能充分发挥市场经济的调节作用和资源分配作用。而金融资产作为一种特殊的商品，在我国市场经济进一步深化的大背景下，价格却被硬生生地束缚住了。众所周知，宏观调控和市场调节在灵敏度上不是一个数量级的，这就使得很多情况下，金融资本的价格是不符其价值的，配置也不是最优的，这对我国市场经济的健康发展是一个不小的阻碍。

其二，利率市场化可以促进整个金融业健康发展。在目前国内利率管制背景下，银行没有竞争的愿望，非常容易就可以得到丰厚的利差收入，那么就不会有银行费力去进行金融创新，开拓新的中间业务了；缺乏竞争的手段，最吸引人的永远都是真金白银的实惠，存钱的人想要更高的存款利率，贷款的人想要更低的贷款利率，而现在的金融机构却无法满足差异化的需求。试想一下，一条街上的店铺天天嚷着优惠大酬宾，进去之后却发现不光没降价，而且所有的店铺都以一样的价钱卖一样的东西，消费者又会有何感想呢？

纵观全球，美、日、英、德等几乎所有经济发达国家都在实行利率市场化，作为世界经济的后起之秀，这些先行者的经验教训，都可以成为我们宝贵的经验。

美国利率市场化改革始于20世纪70年代，是在高利率背景下以资金大规模地向自由利率的金融商品市场流入为突破口的，是一个典型的发达金融市场逐渐向政府管制“倒逼”的案例。其主要特点是为规避管制，银行业通过发掘法律漏洞，不断创新出各种新的金融工具和业务。1980年美国国会通过了《放松对存款机构的管理与货币控制法》，并设立了专门委员会负责调整金融机构的存款利率。在该委员会不断提高存款利率的同时，美联储也逐步废除了有关利率管制的规章制度。美国从1970～1986年用了16年实现了完全的利率市场化。

日本利率市场化改革同样始于20世纪70年代。日本利率市场化是在为刺激需求，摆脱经济低迷状况的背景下以国债利率为突破口的。其最直接的动力来自不堪忍受日本国债的低利率，却要承销日本国债的商业银行。日本利率改革的主要特点是首先实行国债交易和发行利率的市场化，接着丰富短期资金市场上的交易品种，并扩大交易规模，实现银行间市场、中长期债券市场、短期资金市场上大额交易品种的市场化，最后将市场利率从大额交易导入小额交易。日本的利率市场化始于1977年，至1994年10月放开全部利率管制，实现利率完全市场化，一共用了17年的时间。

让我们对比一下中国利率市场化所走过的道路。中国的利率市场化改革要从1983年国务院授予人民银行在基准贷款利率基础上上下各20%的利率浮动权开始。但直到1987年，人民银行才首次进行贷款利率市场化的尝试，规定商业银行的流动资金贷款利率为基准上浮最高不超过20%的利率。

1991年，国债发行开始采用承购包销的发行方式，开始了初步的市场化改革；直到1999年，财政部首次在银行间债券市场实现以利率招标的方式发行国债，国债发行实现市场化。

从2000年人民银行放开外币贷款利率和300万美元（含300万美元）以上的大额外币存款利率，最终到2004年11月，人民银行决定放开一年期以上小额外币存款利率，商业银行拥有更大的外币利率决定权。

2004年，人民银行决定，将不再设定金融机构（不含城乡信用社）人民币贷款利率上限；仅对城乡信用社贷款利率实行上限管理，最高上浮系数为贷款基准利率的2.3倍。同时，人民银行决定金融机构人民币存款利率下浮，即所有存款类金融机构对其吸收的人民币存款利率，可在不超过各档次存款基准利率的范围内浮动，实现“放开下限、管住上限”的原则。

2006年10月1日，上海银行间同业拆放利率（SHIBOR）试运行，并于次年1月正式运行。2007年年末，SHIBOR作为货币市场基准利率的地位即已确立。

在2008年全球金融危机时，为刺激房地产需求，商业性个人住房贷款利率的下限由贷款基准利率的0.85倍扩大为0.7倍。这被认为是中国利率市场化改革开始迈出的最后一步，也是对放松贷款利率下限管制的一次尝试。

随着中国经济顺利迈入“十二五”，在如此多的前期准备工作完成之后，利率的市场化改革再一次成为所有人关注的焦点。央行前行长周小川在各种场合高调宣称要坚定地推进利率的市场化改革，我们有理由相信进行了二十多年利率市场化改革必将在十二五期间开花结果。

第二节　存款准备金率工具释放了什么信号

2011年上半年，我国的通货膨胀率持续走高，中国人民银行除调高利率外，还数次调高银行存款准备金率。那么存款准备金究竟是什么？调整存款准备金率和物价有什么关系呢？

存款准备金是指金融机构为保证客户提取存款和资金清算需要而准备的资金，金融机构按规定向中央银行缴纳的存款准备金占其存款总额的比例，就是存款准备金率。

银行盈利的来源之一是赚取存贷款的息差，银行吸收储户的存款，再贷出去。但是银行不能一次性把所有存款全部贷出去，而必须要保留一部分应付储户提款的需要。否则，一旦储户取款而银行又无法支付，就可能引发挤兑，甚至导致银行破产。为了防范这类风险，中央银行规定，商业银行必须将一部分存款钱存入中央银行，这笔钱就被称为存款准备金，存款准备金率就是存入央行的那部分存款和全部存款的比值。比如说，当存款准备金率为10%的时候，银行每接受10万元的存款，只能贷出去9万元，剩下的1万元必须存入央行。

存款准备金只发生在金融机构与中央银行之间，与存款人无直接关系。实行存款准备金制度的目的起初很单纯，就是要限制金融机构贷款规模，同时保证客户提取存款，有效进行资金清算。美国是世界上最早以法律形式强制规定商业银行向中央银行缴存存款准备金的国家。

准备金本来是为了保证支付的，但它却带来了一个意想不到的“副产品”，就是赋予了商业银行创造货币的职能。中央银行通过调整存款准备金率，从而间接调控货币供应量。存款准备金率的调整现已成为中央银行货币政策的重要工具，是传统的三大货币政策工具之一。

在一定的存款准备金率基础上，商业银行是怎样创造货币的呢？举个简化的例子就很清楚了。

假设中央银行制定的存款准备金率是10%。这时，有一家银行收到了一笔1000元的存款，至于这笔钱最初的来历并不重要。这家银行收到这笔存款后，首先将其中的10%即100元作为存款准备金存入中央银行，然后为了赚取利润，再将其余900元贷给某个客户。这个客户获得这笔贷款后，货币创造过程就开始了，现在总共有了1000元的存款加客户拥有的900元贷款。

假设这个客户用这900元贷款买了一件衣服，服装店老板在收到这900元后，又将它存入第二家银行，第二家银行和第一家银行一样，也将其中的10%即90元作为存款保证金存入中央银行，同时将其余810元贷给它的客户；经过它的客户投资或者消费，这810元又成了第三家银行的存款，第三家银行再如法炮制，又会有729元成为第四家银行的存款，这个过程将不断持续下去……

到最后，我们可以计算出全部存款总额为：1000元+900元+810元+729元+……

是的，这是一个等比数列，最后的结果是10000元。也就是说，货币创造的结果，是最初1000元的10倍。这个10倍的比率，就叫货币乘数，它是存款准备金率的倒数。当然，这个结果只是个理想状态，它有两个前提：货币只在银行体系内循环，不漏出这个系统之外；每家银行留存的存款准备金都不超过法定准备金。这和现实情况是有差异的。

理解了货币的创造，也就可以理解货币的消灭了。当某个人从一家银行提取1000元现金时，银行系统就会产生与上述例子相反的连锁反应，最后，银行系统减少了总共10000元的存款。

存款准备金率的变动对货币总量的作用过程如下：当中央银行提高

法定存款准备金率时，货币乘数就变小，从而降低了整个商业银行系统创造货币、扩大信用规模的能力，其结果是银根偏紧，货币供应量减少，利息率提高，投资及社会支出都相应缩减；反之则反是。举例来说，如果法定存款准备金率为5%，整个银行系统可望创造出来的存款是其准备金的20倍；而当法定存款准备金率调整到10%时，整个银行系统的存款就只能是准备金的10倍了。可见，准备金率的调整是一种比较猛烈的货币政策工具，对货币供给的冲击非常大，像美国等发达国家不会轻易动用。

在实际经济运行中，出于流动性管理和风险控制的需要，商业银行保留的存款准备金往往超过法定存款准备金。超出来的这部分差额，就是超额准备金。超额准备金可以是库存现金，也可以是在央行中的存款。

中国的存款准备金制度是在1984年中国人民银行专门行使中央银行职能后建立起来的。

1998年3月21日起，中国人民银行对存款准备金制度进行了改革。

2004年，中国人民银行开始实行差别存款准备金率制度。金融机构适用的存款准备金率与其资本充足率、资产质量状况等指标挂钩。差别存款准备金率制度综合了存款准备金制度、资本充足要求和存款保险制度的有关思想，体现了中国关于货币政策和金融稳定的综合考虑及安排。

2011年以来，中国多次调高存款准备金率。经过2011年6月20日的调整，大型金融机构的存款准备金率达21.5%，创历史纪录。外汇占款是当前存款准备金率上调的首要决定因素。

第三节　中央银行贷款有效调控金融市场

中央银行贷款是指中央银行对金融机构发放的贷款，是中央银行调控基础货币的重要渠道和进行金融调控的传统政策工具。

中央银行贷款的增加或减少，会引起基础货币的增加或减少。

当中央银行增加对商业银行或其他金融机构的贷款时，商业银行在中央银行的存款或现金库存就会相应增加。商业银行以这些资金作为来源扩大向社会的放款，经过货币乘数的放大，最终使社会货币流通量扩大；反之，当中央银行减少对商业银行的贷款时，就会使得商业银行的资金来源相应减少，从而迫使商业银行收缩信贷规模，减少对社会的货币供应，最终减少社会货币流通量。无论是发达国家还是发展中国家，中央银行对商业银行的贷款作为中央银行实行宏观控制的重要手段之一，都是非常有效的。

商业银行在头寸不足，有临时性的资金需要时，除在同业拆借市场上拆借资金外，也会向中央银行申请贷款。这种贷款一般有三种形式：

（1）再贴现，即商业银行以工商企业向其贴现的商业票据为抵押，向中央银行再贴现，取得所需的资金，这是最为普遍的。

（2）抵押贷款，即商业银行以实物资产做抵押向中央银行借款，这种形式不多见。

（3）信用放款，即中央银行直接向申请贷款的商业银行放款，无需抵押。申请这类贷款的商业银行需要有较好的声誉。

在我国，中国人民银行的贷款对象是持有中国人民银行颁发的《经营金融业务许可证》，并在中国人民银行开立账户的金融机构。《中国人民银行法》规定："中国人民银行不得向地方政府、各级政府部门提供贷款，不得向非银行金融机构以及其他单位和个人提供贷款，但国务院决定中国人民银行可以向特定的非银行金融机构提供贷款的除外。"

中国人民银行对专业银行和其他金融机构放款是其日常业务的重要组成部分，也是其实施货币政策的主要手段。

因为再贴现是中央银行最为常用的中央银行贷款手段之一，我们可以再贴现政策为例，来分析一下中央银行贷款对市场的影响。从我国再贴现业务运行过程来看，再贴现政策最主要的功能是：

一是融资功能。这是再贴现最直接、最原始的功能。而再贴现作为一种重要的货币政策工具，其主要依据是已贴现的商业票据。随着我国票据市场的不断发展和完善，再贴现的作用范围和所取得的效果正呈逐步加强的态势。

二是货币政策告示功能。再贴现政策具有明显的“告示效应”，能够在很大程度上影响社会公众的心理，产生心理预期。因为再贴现政策的核心是调整再贴现率。中央银行一旦调整再贴现率，实际上是向商业银行和社会公众公布其货币政策的取向，从而改变商业银行的信用量，使货币供给量发生变化，进而影响市场利率的升降。

再贴现政策的这一功能在西方市场经济发达的国家表现得非常突出，体现为再贴现货币政策工具的主要功能。再贴现政策曾作为西方国家货币政策的主要工具也是立足于这一功能。

再贴现率一出现便作为中央银行实施货币政策的三大手段之一，并且受到高度重视。20世纪20年代，再贴现率曾被视为最有效的货币政策。但由于是否进行再贴现的主动权掌握在商业银行手中，使中央银行一直处在被动的地位，所谓“牵马河边易，逼马饮水难”。因此各国对再贴现率政策的运用重视程度也不尽相同。

随着时间的推移，中央银行愈来愈重视作为一个参与者进入市场，而不只是作为一个指导者来调节和引导市场，因而再贴现率逐渐让位于公开市场业务这一政策手段而退居其次，但仍不失为一个重要的而且可行的宏观调节手段。许多国家对此仍充分重视，例如在英国，英格兰银行公布的再贴现率称为“银行率”，它的变化对英国乃至整个西方世界的市场利率都有举足轻重的影响。美国对运用这一手段也较为重视，再贴现率的变化也为数不少，而且影响较大。

第四节　公开买卖有价证券的公开市场

公开市场业务是指中央银行通过买进或卖出有价证券，吞吐基础货币，调节货币供应量的活动。与一般金融机构所从事的证券买卖不同，中央银行买卖证券的目的不是为了盈利，而是为了调节货币供应量。

根据中央银行在公开市场买卖证券的差异，可分为广义和狭义的公开市场。所谓广义的公开市场，是指在一些金融市场不发达的国家，政府公债和国库券的数量有限，因此，中央银行除了在公开市场上买进或卖出政府公债和国库券之外，还买卖地方政府债券、政府担保的债券、银行承兑汇票等，以达到调节信用和控制货币供应量的目的。所谓狭义的公开市场，是指主要买卖政府公债和国库券。在一些发达国家，政府公债和国库券发行量大，且流通范围广泛，中央银行在公开市场上只需买进或卖出政府公债和国库券，就可以达到调节信用、控制货币量的目的。

当经济过热时，中央银行卖出政府债券回笼货币，使货币流通量减少，导致利息率上升，促使投资减少，达到压缩社会总需求的目的。当经济处于增长过慢、投资锐减不景气的状态时，中央银行买进政府债券，把货币投放市场，使货币流通量增加，导致利息率下降，从而刺激投资增长，使总需求扩大。

在多数发达国家，公开市场操作是中央银行吞吐基础货币、调节市场流动性的主要货币政策工具，通过中央银行与指定交易商进行有价证券交易，实现货币政策调控目标。1996年4月，中国人民银行开办买卖国债的公开市场业，此后，公开市场业务得到长足发展。1999年以来，公开市场操作已成为中国人民银行货币政策日常操作的重要工具，对于调控货币供应量、调节商业银行流动性水平、引导货币市场利率走势发挥了积极的作用。

中国人民银行从1998年开始建立公开市场业务一级交易商制度，选择了一批能够承担大额债券交易的商业银行作为公开市场业务的交易对象，目前公开市场业务一级交易商共包括40家商业银行。这些交易商可以运用国债、政策性金融债券等作为交易工具，与中国人民银行开展公开市场业务。

从交易品种看，中国人民银行公开市场业务债券交易主要包括回购交易、现券交易和发行中央银行票据。其中回购交易分为正回购和逆回购两种，正回购为中国人民银行向一级交易商卖出有价证券，并约定在未来特定日期买回有价证券的交易行为，正回购为央行从市场收回流动性的操作，正回购到期则为央行向市场投放流动性的操作；逆回购为中国人民银行向一级交易商购买有价证券，并约定在未来特定日期将有价证券卖给一级交易商的交易行为，逆回购为央行向市场上投放流动性的操作，逆回购到期则为央行从市场收回流动性的操作。

现券交易分为现券买断和现券卖断两种，前者为央行直接从二级市场买入债券，一次性地投放基础货币；后者为央行直接卖出持有债券，一次性地回笼基础货币。中央银行票据即中国人民银行发行的短期债券，央行通过发行央行票据可以回笼基础货币，央行票据到期则体现为投放基础货币。

公开市场业务与其他货币政策工具相比，具有主动性、灵活性和时效性等特点。公开市场业务可以由中央银行充分控制其规模，中央银行有相当大的主动权；公开市场业务是灵活的，多买少卖、多卖少买都可以，对货币供应既可以进行“微调”，也可以进行较大幅度的调整，具有较大的弹性；公开市场业务操作的时效性强，当中央银行发出购买或出售的意向时，交易立即可以执行，参加交易的金融机构的超额储备金相应发生变化；公开市场业务可以经常、连续地操作，必要时还可以逆向操作，由买入有价证券转为卖出有价证券，使该项政策工具不会使整个金融市场产生大的波动。

公开市场业务也有其局限性，即中央银行只能在储备变化的方向上而不能在数量上准确地实现自己的目的。并且，通过公开市场业务影响银行储备需要时间，它不能立即生效，而要通过银行体系共同的一系列买卖活动才能实现。公开市场业务发挥作用的先决条件是证券市场必须高度发达，并具有相当的深度、广度和弹性等特征。同时，中央银行必须拥有一定库存证券。

目前，越来越多国家的中央银行将公开市场业务作为其主要的货币政策工具。20世纪50年代以来，美国联邦储备系统90%的货币吞吐是通过公开市场业务进行的，美国的公开市场政策由联邦公开市场委员会决定，具体业务则由公开市场专户经理执行。英国是由贴现行调节金融市场所需的资金，只是在贴现市场发生困难时，英格兰银行才参与公开市场国库券的买卖。日本70年代后才积极利用公开市场业务来调节金融。意大利主要以存款准备金作为其货币政策手段，而把再贴现和公开市场业务作为辅助手段。德国、法国等也大量采用公开市场业务调节货币供应量。从20世纪80年代开始，许多发展中国家也开始将公开市场业务作为货币政策工具。

第五节　实现宏观调控，货币政策必不可少

经济学家一般可以分为两派，其中一派是“大市场小政府”，认为市场可以自发地配置好一切，政府就该做好自己的守夜人，不要乱插手；另外一派是“大政府小市场”，认为市场配置有着无可避免的滞后性和盲目性，必须要通过政府有目的的宏观调控才能得到最优的配置。虽然学术上这两派论战了几百年也没分出胜负，只能说各有各的道理，但是在中国“大政府小市场”的现状则是公认的。

宏观经济调控的重要组成部分之一就是金融调控，是指国家综合运用经济、法律和行政手段，调节金融市场，保障金融体系正常运行，实现物

价稳定和国际收支平衡。在现代经济生活中，金融调控职能主要是由中央银行来履行的。而央行进行金融调控最得力的手段就是货币政策。

货币政策指中央银行为实现既定的经济目标而运用贴现率、准备金率、公开市场业务等各种工具来调节货币供给或利率，这些经济目标通常包括经济增长、物价稳定、充分就业及国际收支平衡。

货币政策主要与利率和信用联系在一起。许多世纪以来，货币政策只有两种形式，铸币或是发行纸币以产生信用。在凯恩斯的流动偏好理论被接受前，利率不被认为是货币政策的一部分。货币政策被认为是政府决策的一部分，通常被认为是政府的铸币权。

1694年英格兰银行成立，它获得基于金本位来发行纸币的权力，货币政策独立于政府的思想开始确立。当时，货币政策的目的在于保持币值，印钞并让钱币保留在流通领域。

在1870～1920年之间，工业化国家陆续建立了中央银行，央行“最后借贷者”的角色开始被理解。因为经济学的“边际革命”，人们又认识到，利率的变动对整个国家的经济有重要影响。至此，现代货币政策的思想基础已初步形成。

关于货币政策的研究在这50年来得到了飞速发展。货币政策需要考虑的各种目标也越来越多。在始于2007年的全球金融危机发生之后，争论又转向了是否应回到金本位的问题上。

梳理完历史，让我们再回到现实的操作层面来。根据货币政策工具的调节职能和效果来划分，货币政策工具可分为以下三类：

（1）常规性货币政策工具，或称一般性货币政策工具。指中央银行所采用的、对整个金融系统的货币信用扩张与紧缩产生全面性或一般性影响的手段，包括：存款准备金制度，再贴现政策，公开市场业务。这三种政策工具被称为中央银行的“三大法宝”，主要是从总量上对货币供应和信贷规模进行调节。

（2）选择性的货币政策工具，是指中央银行针对某些特殊的信贷或某些特殊的经济领域而采用的工具。以部分商业银行的资产运用与负债经营活动或整个商业银行的资产运用与负债经营活动为对象，侧重于对银行业务活动质量的方面进行控制，是常规性货币政策工具的必要补充。常见的选择性货币政策工具主要包括：消费者信用控制，证券市场信用控制，不动产信用控制，优惠利率，预缴进口保证金等。

（3）其他政策工具，除以上两类外，中央银行有时还运用一些补充性货币政策工具，对信用进行直接或间接控制。包括：信用直接控制工具，指中央银行依法对商业银行创造信用的业务进行直接干预而采取的各种措施，主要有信用分配、直接干预、流动性比率、利率限制、特种贷款；信用间接控制工具，指中央银行凭借其在金融体制中的特殊地位，通过与金融机构之间的磋商、宣传等，指导其信用活动，以控制信用，其方式主要有窗口指导、道义劝告。

1993~1999年，我国执行的是适度从紧的货币政策，1999～2007年我国执行的是稳健的货币政策，从2008年起，我国又开始执行适度从紧的货币政策。为应对全球金融危机的冲击，我国于2009年推出大规模的经济刺激计划，货币政策转向适度宽松。2011年，为防止经济增长过热和通货膨胀，货币政策的基调又从宽松转为稳健。

第六节　金融市场中的利率调整

1987年10月19日，这一天对于华尔街的投资者来说是“黑色的星期一”，道琼斯指数在三个小时之内暴跌22.6%，六个半小时后股票市值缩水5000多亿美元，38名富豪当天告别了《福布斯》富豪榜。这一天，格林斯潘就任美联储主席刚满两个月。第二天早上，格林斯潘立刻采取行动，宣布降低联邦基金利率，随后，市场长期利率也随之下降。此后经过数个月的调整，华尔街的投资者们逐步获得了金钱和信心，美国经济安然避免了一场经济泡沫破裂的危机。此后的18年里，格林斯潘把利率变成了一根神奇的“魔棒”，根据经济运行情况，适时地调整利率，美国经济因此创造了连续八年低通胀、高增长、高就业的神话。

何为利率，利率是一定时期内利息额与借贷资金的比率。根据资金借贷关系中诸如借贷双方的性质、借贷期限的长短等不同标准，可把利率划分为不同的种类——法定利率和市场利率、短期利率和中长期利率、固定利率和浮动利率、名义利率和实际利率，等等。

利率为什么会具有如此神奇的魔力呢？这是因为利率是资金使用的价格，利率的涨跌关系着居民、企业、政府各方的钱袋子，进而影响到各方的经济决策。具体表现为以下几个方面：

首先，利息作为资金的使用成本直接影响企业的利润水平。企业为降低成本，就要尽量减少借款所产生的利息，同时在筹资过程中对各种方式进行成本比较。

其次，金融工具的增多为居民的资产选择行为提供了客观基础，而利息收入则是居民资产选择行为的主要诱因。居民在利息收入诱因下做出的种种资产选择行为又为实现各项宏观调控的基础。

最后，由于利息收入与全社会的赤字部门和盈余部门的经济利益息息相关，因此，政府也能将其作为重要的经济杠杆对经济运行实施调节。例如：中央银行降低利率时，货币就会更多地流向资本市场，相反，货币就会从资本市场流出；如果政府要发行国债，其利率须高于银行同期限存款利率，如此才能吸纳民间资金，用于各项财政支出。

利率政策是指中央银行控制和调节市场利率以影响社会资金供求的方针措施。它是中央银行间接控制信用规模的一项重要的手段。在利率体系中，中央银行利率处于主导地位。制定中央银行利率的依据是货币政策目标。不同的利率水平，体现着不同的政策要求；当政策目标的侧重点发生变化时，利率政策也将随之变化。

利率调整首先影响的是货币的总供给和总需求。当经济过热，市场上货币泛滥时，中央银行就上调利率，这有助于吸收存款，抑制货币流动性，抑制投资热度，控制通货膨胀，稳定物价水平；当经济衰退，市场上资金不足时，中央银行就下调利率，这有助于刺激贷款需求，刺激投资，拉动经济增长。利率这个经济杠杆利、弊共存，调整时间和调整幅度都大有讲究。所以，利率政策如何制定也是一门艺术，并不是谁坐在办公室里拍拍脑袋就能想出来的。

这几年，我国的利率调整比较频繁，手段日趋灵活，让人看起来眼花缭乱，实际上这恰好说明我国的利率调控日益完善。目前，中国人民银行采用的利率工具主要有：

（1）调整中央银行基准利率，包括：再贷款利率，指中国人民银行向金融机构发放再贷款所采用的利率；再贴现利率，指金融机构将所持有的已贴现票据向中国人民银行办理再贴现所采用的利率；存款准备金利率，指中国人民银行对金融机构交存的法定存款准备金支付的利率；超额存款准备金利率，指中央银行对金融机构交存的准备金中超过法定存款准备金水平的部分支付的利率。

（2）调整金融机构法定存贷款利率。

（3）制定金融机构存贷款利率的浮动范围。

（4）制定相关政策对各类利率结构和档次进行调整。

第十章

金融危机——难以预测和招架的金融疾病

第一节　经济活动的规律可以通过经济周期展现出来

一只亚马孙流域热带雨林中的蝴蝶，偶尔地扇动几下翅膀，这股细小的气流运动也许在两周后会引起美国得克萨斯州一场强烈的龙卷风，最后很可能在南太平洋掀起一场强烈的飓风。人们称这种现象叫“蝴蝶效应”。引起龙卷风及强烈飓风的原因在于，蝴蝶翅膀的运动，导致其身边空气系统发生变化，并引起微弱气流的产生，而这又会引起四周空气或其他系统产生相应的变化，由此引起连锁反应。最终导致天气系统的极大变化。

蝴蝶效应本来是气象学上描述大气混沌系统的一个名词，现在则经常被各种领域的人所借用。在金融学中，很多事情的发生和“蝴蝶效应”发生作用的机理极为相似，一件微不足道的事情可能就会酿成一场世界性的经济危机。

2007年美国发生的次贷危机，后来发展成为席卷全球的金融危机，在每个人心中都留下了深深的烙印，因为它给我们的生产、生活带来了严重的影响。同时，我们回顾历史还可以发现，这类危机并不罕见。如1997年的东南亚金融危机，以及1929年的金融大崩溃等。金融危机为何总是间隔性地光顾我们，为什么我们总是逃脱不了金融危机呢？究其原因，很多学者给出的答案是经济周期。

经济的周期性波动被称为经济周期，它是指总体经济活动的扩张和收缩交替反复出现的过程。每一个经济周期都可以分为上升和下降两个阶段。经济周期一般是指以实际国民生产总值衡量的经济活动总水平扩张与收缩交替的现象。具体表现为经济扩张因受到资源供给约束或消费约束，而出现经济收缩，经济收缩又因资源供给充裕或者消费需求拉动而重新进入经济扩张，周而复始，不断循环。

通常情况下，一个完整的经济周期可以划分为四个阶段：复苏——繁荣——衰退——萧条。其中，经济的复苏和繁荣阶段构成了经济周期中的扩张期，而经济的衰退和萧条阶段则构成了经济周期中的收缩期。在经济周期的上升阶段，即繁荣阶段，最高点称为顶峰。然后物极必反，顶峰也是经济由盛转衰的转折点。此后经济就进入下降阶段，即衰退，衰退严重则经济进入萧条，衰退的最低点称为谷底。当然，谷底也是经济由衰转盛的一个转折点。此后经济进入上升阶段。经济从一个顶峰到另一个顶峰，或者从一个谷底到另一个谷底。就是一次完整的经济周期。

自19世纪中叶以来，人们在探索经济周期问题时，根据各自掌握的资料提出了不同长度和类型的经济周期。其中影响较大的有以下几种。

1.基钦周期：短周期

基钦周期又叫短周期，是1923年英国经济学家基钦提出的一种为期3~4年的经济周期。基钦认为经济周期实际上有主要周期与次要周期两种。主要周期即中周期，次要周期为3~4年一次的短周期。这种短周期就称基钦周期。

2.朱格拉周期：中周期

朱格拉周期是1860年法国经济学家朱格拉提出的一种为期9~10年的经济周期。该周期是以国民收入、失业率和大多数经济部门的生产、利润和价格的波动为标志加以划分的。

3.康德拉季耶夫周期：长周期或长波

康德拉季耶夫周期是1926年俄国经济学家康德拉季耶夫提出的一种为期50~60年的经济周期。该周期理论认为，从18世纪末期以后，资本主义世界共经历了三个经济长周期。第一个长周期为1789~1849年，上升部分为25年，下降部分35年，共60年；第二个长周期为1849~1896年，上升部分为24年，下降部分为23年，共47年；第三个长周期为1896年起，上升部分为24年，1920年以后进入下降期。

4.库兹涅茨周期：另一种长周期

库兹涅茨周期是1930年美国经济学家库涅茨提出的一种为期15~25年，平均长度为20年的经济周期。由于该周期主要是以建筑业的兴旺和衰落这一周期性波动现象为标志加以划分的，所以也被称为“建筑周期”。

5.熊彼特周期：创新周期

1936年，伟大的经济学家熊彼特以他的“创新理论”为基础，对各种周期理论进行了综合分析后提出了创新周期。约瑟夫·阿洛伊斯·熊彼特认为，每一个长周期包括六个中周期，每一个中周期包括三个短周期。短周期约为40个月，中周期为9~10年，长周期为48~60年。他以重大的创新为标志，划分了三个长周期。第一个长周期从18世纪80年代到1842年，是“产业革命时期”；第二个长周期是1842~1897年，是“蒸汽和钢铁时期”；第三个长周期从1897年开始，是“电气、化学和汽车时期”。在每个长周期中仍有中等创新所引起的波动，这就形成若干个中周期。在每个中周期中还有小创新所引起的波动，形成若干个短周期。

经济周期的成因，学术界认为有外因论和内因论两种。外因论认为，周期源于经济体系之外的因素——太阳黑子、战争、革命、选举、金矿或新资源的发现、科学突破或技术创新等。内因论认为，周期源于经济体系内部的因素——收入、成本、投资等，是市场机制作用下的必然现象。当然，经济周期的形成原因是复杂多样的，因此很难从一种理论中寻找到最佳答案。

第二节　1997年亚洲金融危机的发生、发展过程

亚洲金融危机影响极其深远，它暴露了一些亚洲国家经济高速发展背后的一系列深层次问题。从这个意义上来说，金融危机的出现，既是坏事，又是好事，这为推动亚洲发展中国家深化改革，调整产业结构，健全宏观管理提供了一个契机。

1997年7月2日，亚洲金融风暴席卷泰国，泰铢贬值。不久，这场风暴又横扫了马来西亚、新加坡、日本和韩国等地。它打破了亚洲经济快速发展的幻象，亚洲一些国家的经济开始萧条，有的国家甚至政局也开始混乱。

1.亚洲金融危机的直接触发因素

（1）国际金融市场上游资的冲击。全球范围内存在巨额的国际流动资本，国际“炒家”一旦发现在哪个国家或地区有利可图，马上会通过炒作冲击该国或地区的货币，以在短期内获取暴利。

（2）亚洲一些国家的外汇政策不当。它们为了吸引外资，一方面保持固定汇率，一方面又扩大金融自由化，给国际“炒家”提供了可乘之机。如泰国就在本国金融体系没有理顺之前，于1992年取消了对资本市场的管制，使短期资金的流动畅通无阻，为外国“炒家”炒作泰铢提供了条件。

（3）为了维持固定汇率制，这些国家长期动用外汇储备来弥补逆差，导致外债的增加。

（4）这些国家的外债结构不合理。在中期、短期债务较多的情况下，一旦外资流出超过外资流入，而本国的外汇储备又不足以弥补其不足，这个国家的货币贬值便是不可避免的了。

2.导致亚洲金融危机的内在基础性因素

（1）透支性经济高增长和不良资产的膨胀。保持较高的经济增长速度，是发展中国家的共同愿望。当高速增长的条件变得不够充分时，为了继续保持高速度，这些国家就转向靠借外债来维持经济增长。但由于经济发展

并非一帆风顺，到20世纪90年代中期，亚洲有些国家已不具备还债能力。在东南亚国家，房地产吹起的泡沫换来的只是银行贷款的坏账和呆账；至于韩国，由于大企业从银行获得资金过于容易，造成一旦企业状况不佳，不良资产立即膨胀的状况。不良资产的大量存在，又反过来影响了投资者的信心。

（2）市场体制发育不成熟。一方面，是政府在资源配置上干预过度，特别是干预金融系统的贷款投向和项目；另一方面，金融体制特别是监管体制不完善。

（3）“出口替代”型模式的缺陷。“出口替代”型模式是亚洲不少国家经济成功的重要原因。但这种模式也存在着三方面的不足：一是当经济发展到一定的阶段时，生产成本会提高，出口会受到抑制，引起这些国家国际收支的不平衡；二是当这一出口导向战略成为众多国家的发展战略时，会形成它们之间的相互挤压；三是产品的阶梯性进步是继续实行出口替代的必备条件，仅靠资源的廉价优势是无法保持竞争力的。亚洲这些国家在实现了高速增长之后，没有解决上述问题。

3.导致亚洲金融危机的国际经济因素

（1）经济全球化带来的负面影响。经济全球化使世界各地的经济联系越来越密切，但由此而来的负面影响也不可忽视，如民族国家之间的利益冲突加剧，资本流动能力增强，防范危机的难度加大等。

（2）不合理的国际分工、贸易和货币体制，对发展中国家不利。在生产领域，发达国家仍然通过控制高新技术来掌握高技术产品的生产，欠发达国家所生产产品的技术含量逐级下降，最不发达国家只能做装配工作和生产初级产品。在交换领域，发达国家能用低价购买初级产品通过垄断高价推销自己的产品。在国际金融和货币领域，整个全球金融体系和制度也有利于金融大国。

这次金融危机影响极其深远，它暴露了一些亚洲国家经济高速发展背后的一些深层次问题。从这个意义上来说，它既是坏事，也是好事，为推动亚洲发展中国家深化改革，调整产业结构，健全宏观管理提供了一个契机。

第三节　次贷危机是如何发生的

第二次世界大战后曾发生过多次金融危机，如20世纪80年代的拉美债务和货币危机，90年代初的斯堪的纳维亚银行危机和90年代末的亚洲金融危机。这些危机多局限于一个国家或一个地区，而且处于世界金融体系和世界经济的边缘地带。而这一次金融危机则爆发于世界金融体系的中心——美国，并以山呼海啸之势席卷全球，其范围之广，程度之深，对世界经济冲击之强烈，实为前所未有。

毫无疑问，危机的迅速扩散与全球经济的一体化密切相关。美国的房地产泡沫是这次危机的根源。泡沫破灭之时，美国房地产价格的暴跌通过资产证券化产品，经由早已连成一片的银行体系和资本市场，传递到世界的各个角落，从冰岛到日本，从俄罗斯到新加坡，几乎无一幸免。而深究美国房地产泡沫形成的原因，美联储的货币政策乃始作俑者。格林斯潘推行低利率政策，致使流动性泛滥，银行信用无节制地扩张，政府、公司和家庭的负债不断攀升，美国经济靠借贷维持了多年的繁荣。

让我们来简单回顾一下次贷危机的发展。2007年，自美国发端的次贷危机席卷全球，数个金融巨头的轰然倒下，让全世界都惴惴不安，生怕下一个就是自己。

2月，美国次贷市场危机初见端倪。由于借款方违约增多，美国次贷放款机构出现亏损，第二大次贷机构新世纪金融公司的股票被停牌。4月初，新世纪金融公司申请破产保护。

5~6月，一些西方对冲基金破产。5月，瑞士银行下属Dillon Read资本管理基金因投资美国次贷市场出现严重亏损而宣告破产。6月，美国知名的贝尔斯登资产管理公司因旗下两只对冲基金投资债务抵押债券而陷入困境。

7月，次贷问题导致私人股本运转失灵。7月25日，用于联合博姿和克莱斯勒并购交易的融资严重受阻。投资者不仅担心信贷状况趋紧可能使收购热潮终止，还关切全球大型投资银行普遍面临的信贷问题。

7~8月，次贷危机扩散至股市。投资者对于全面信用危机的担忧，引发股市和债市剧烈波动。欧美主要股指日跌幅超过2%的现象不断发生。

8~9月，次贷危机造成了全球性信贷紧缩，各国央行被迫入市干预。从8月9日到8月31日，主要国家央行共注资5446亿美元，其中欧洲央行注资3434亿美元，美联储注资1472亿美元，日本央行注资400亿美元。9月12日，欧洲央行再次向市场投放约1000亿美元的两个月期资金。9月13日，英国北岩银行因受抵押贷款问题影响，资金周转不灵，向英格兰银行求救，14日，北岩银行发生挤兑事件，这是自1866年以来，英国的银行首次出现挤兑情况。英格兰银行给现金匮乏的银行提供了200亿美元的3个月期贷款，并允许以抵押贷款作为担保。

那么这次危机为什么会被称为次贷危机呢？次贷危机又称次级房贷危机，也译为次债危机。次贷即“次级按揭贷款”。“次”是与“高”、“优”相对应的，形容较差的一种状态；在“次贷危机”一词中它指的是信用差，还债能力差。次级抵押贷款是高风险、高收益的信贷产品，指一些贷款机构向信用程度较差和收入不高的借款人提供的贷款。

大约从十年前开始，美国贷款公司的广告就漫天飞舞，电视上、报纸上、街头巷尾，无处不在，大部分的广告都是这样的：

“你想过中产阶级的生活吗？买房吧！”

“积蓄不够吗？找贷款公司吧！”

“首付也付不起？我们提供零首付！”

“每个月的房钱还是付不起？没关系，前24个月只要支付利息即可。想想24个月后你估计早就升官发财了，还怕付不起？”

“怎么？还怕不行？你也太小心啦，你看这两年房子都涨了这么多了，到时实在不行，转手卖了，不但白住两年，还能大赚一笔！我都敢贷，你还不敢？”

于是在这样的诱惑下，无数的美国市民毫不犹豫地贷款买了房。如果说一直以来我们都认为资本主义经济危机是生产过剩危机的话，那么这次则刚好相反，是过度消费所引起的危机。

与传统意义上的标准抵押贷款的区别在于，次级抵押贷款对贷款者信用记录和还款能力要求不高，贷款利率相应地比一般抵押贷款高很多。那些因信用记录不好或偿还能力较弱而被银行拒绝提供优质抵押贷款的人，会申请次级抵押贷款购买住房。在房价不断走高时，次级抵押贷款生意兴隆。即使贷款人现金流并不足以偿还贷款，他们也可以通过房产增值获得再贷款来填补缺口。但当房价持平或下跌时，就会出现资金缺口而形成坏账。

引起美国次级抵押贷款市场风暴的直接原因是美国的住房市场持续降温和利率上升。在美国，贷款是非常普遍的现象，美国人很少全款买房。由于之前的房价一路走高，银行认为，对于次级抵押贷款来说，如贷款人无法偿还，还可以通过拍卖或者出售抵押的房屋收回银行贷款。但如果房价一旦走低，当贷款人无力偿还贷款时，银行出售房屋所得到的资金也就不能弥补当初的贷款和利息，甚至无法弥补贷款本金，这样，银行就会在这笔贷款上形成亏损。

再加上美国次级抵押贷款市场通常采用固定利率和浮动利率相结合的还款方式，利率上升使得情况变得雪上加霜。购房者在购房后头几年以固定利率偿还贷款，其后以浮动利率偿还贷款。在2006年之前的5年里，由于美国住房市场持续繁荣，加上前几年美国利率水平较低，美国的次级抵押贷款市场迅速发展。随着美国住房市场的降温，尤其是短期利率的提高，次级抵押贷款的还款利率也大幅上升，购房者的还贷负担大为加重。再加上这些贷款者本身就是次级信用贷款者，这样就出现了大面积无法还贷的情况。正如上面所说，银行即使收回房屋，也卖不到合适的价格，导致大面积亏损，最终引发了次贷危机。

次贷危机已经并将继续对全球金融和世界经济产生不可低估的影响：

第一，全球金融市场进入剧烈波动的“多事之秋”。首先，大量房贷机构特别是与美国次贷市场相关的基金陷入困境或破产。据不完全统计，从2006年11月至2007年8月中旬，全美80多家次贷机构停业，其中11家破产，损失高达1000亿美元。英国、德国、法国、瑞士、荷兰、日本、澳大利亚等国家的50多家银行、对冲基金等受到波及。其次，西方主要金融机构亏损严重，债务大幅上升。受次贷危机影响，全球银行业损失高达3000亿~4000亿美元。美国花旗银行、美国银行、JP摩根大通银行及高盛公司等大型银行出现了近年来罕见的亏损状况。危机还导致美林银行、花旗银行、美国银行、贝尔斯登资产管理公司、英格兰银行和瑞士银行等美欧金融机构的董事长或总裁辞职。最后，国际金融市场的各领域都出现剧烈动荡，股市、债市、汇市、商品市场无一幸免，并造成了西方信贷市场一定程度的紧缩。2007年10月以来，全球股市出现暴跌，全球股票市值大约损失7.7万亿美元。

第二，次贷危机使美国房地产衰退的情况又雪上加霜。在次贷危机发生之前，美国房地产业已陷入衰退。到2007年第4季度，住宅建筑投资已出现8个季度的负增长。有人曾预言美国房地产衰退将于2007年底开始复苏，但世界银行等权威机构认为，次贷问题将使美国房地产衰退持续到2008年中期，主要原因是次贷市场的还债高峰期将出现在2008年3月前后。美国财政部部长保尔森也指出，次贷问题的解决需要较长时间，许多方面将需要一两年时间才能恢复正常。在次贷危机之后一年，房贷利率的重定将使约100万家庭面临因拖欠债务而被银行取消抵押品赎回权的风险。

第三，次贷危机将使美国经济发展进一步放缓。2007年美国GDP增长率从2006年的2.9%下降到2.2%，其中住宅投资萎缩使GDP增长下降了近1个百分点。

次贷危机对中国的影响也不容小视。

一方面，次贷危机严重影响我国出口。次贷危机导致美国经济及全球经济增长放缓，对中国经济的影响也不容忽视，而其中最主要是对出口的影响。2007年，由于美国和欧洲的进口需求疲软，我国月度出口增长率已从2007年2月的51.6%下降至12月的21.7%。虽几经波折，直到2011年，中国的出口再也没有恢复到危机前的增长水平。美国次贷危机造成我国出口增长下降，一方面将使得我国经济增长在一定程度上放缓；同时，经济增长放缓减少了对劳动力的需求，增加了全社会的就业压力。

另一方面，次贷危机加大了我国的汇率风险和资本市场风险。为应对次贷危机造成的负面影响，美国采取宽松的货币政策和弱势美元的汇率政策。美元大幅贬值给中国带来了巨大的汇率风险。截至2010年年底，中国外汇储备总金额达到28690亿美元。一旦美元贬值10%~20%，给我国造成的存量损失是巨大的。在发达国家经济放缓、中国经济持续增长、美元持续贬值和人民币升值预期不变的情况下，国际资本加速流向我国寻找避风港，也加剧了我国资本市场的风险。

第四节　泡沫经济的本质是贪婪

泡沫，既虚幻，又不真实。金融泡沫是指一种或一系列的金融资产在经历了一个连续的价格上涨过程之后，市场价格远远大于实际价值的经济现象。金融泡沫的本质就是过度的投资引起资产价格的过度膨胀，从而导致虚假繁荣的一种假象。它往往是政府盲目追求经济增长，宏观经济调控不当，因而国内投资的信用规模急剧膨胀的结果。金融泡沫将要破灭时，主要特征就是人们消费热情高涨，不储蓄或极少储蓄，物价节节攀升。

历史上出现的第一次泡沫经济现象是荷兰的郁金香泡沫事件。1593年，一位名叫格纳（Guesters）的荷兰商人从康斯坦丁（在今天的土耳其）进口了一株名贵的郁金香花球根，回家后把它种了下来。

由于郁金香是进口货，所以人们认为拥有它是有钱人的身份象征。也就是说，有钱人一定要拥有郁金香才算“有钱”，或者只有这样别人才会认为你“有钱”。慢慢地，这个风气由荷兰扩散到了德国。

到了1634年，荷兰几乎全民都变成了郁金香炒家，倾家荡产也要去买那些名贵的郁金香。最疯狂时，郁金香的价格在一个月内就上涨几十倍，一株花的价格值今天的7.6万美元。一家酒吧在吧台上摆了一株郁金香，不料被一个醉鬼吃了下去，后来醉鬼被法院判处有期徒刑3个月！

物极必反。1637年春，郁金香价格在6个星期内暴跌90%，无论政府如何护盘都没用，价格还是继续往下跌。百般无奈之下，荷兰政府于1637年4月27日宣布这是赌博行为，所有原来订立的交易合同只要按原价3.5%成交就行了，相当于每株1元钱。这表明，买方或卖方中总有一方要遭受96.5%的财富损失。郁金香泡沫至此彻底破灭。

除此以外，历史上影响较大的泡沫经济事件还有：17世纪江户时代的元禄泡沫经济；18世纪英国的南海公司泡沫；1929~1933年从美国开始的全球经济大萧条；20世纪80年代日本的泡沫经济；1999~2000年美国的互联网泡沫。

要形成泡沫必须满足两个条件，一是合理泡沫经济预期。所谓合理泡沫经济，是指在市场充分有效并且经济主体能够做出合理预期的条件下发生的泡沫经济。

关于这一点，英国著名经济学家凯恩斯在他的巨著《就业、利息和货币通论》中，以选美比赛为例做过一个形象说明。他说：“从事职业投资，就好像是参加选美竞赛：报纸上发表100张照片，要参加竞赛者选出其中最美的6个，谁的选择结果与全体参加竞赛者之平均爱好者最相近，谁就得奖。在这种情形之下，每一参赛者都不选他自己认为最美的6个，而选他认为别人认为最美的6个。每个参加者都从同一观点出发，于是都不选他自己认为最美者，也不选一般人认为最美者，而是运用智力，推测一般人可能认为的最美者。”

这就是投资中的“选美投票理论”。该理论认为，最终选出来的6个人事实上并不一定是最美的，其中有“泡沫”；但由于人们一致认为别人“都认可”她们是最美的，所以这种泡沫就是合理的。

二是非合理泡沫经济预期。所谓非合理泡沫经济，是指市场并不是充分有效、或者经济主体不能做出合理预期的条件下发生的泡沫经济。事实证明，市场并不总是充分有效的，甚至可以说基本上是无法做到充分有效的。在这方面凯恩斯也提出过“博傻理论”，认为人都是非理性的，即使面对股市即将崩溃的风险，仍然有许多投资者确信股价还会上涨，他们所关心的并不是汹涌的泡沫中事物的价值，而是有没有更大的傻瓜来接盘，如此这般自然泡沫不会停歇了。

鉴别泡沫并不是一件难事，格林斯潘在互联网泡沫破灭前三年就发出了“非理性繁荣”的警告，我国的很多经济学家也对2007年的股市泡沫发出过警告。即使我们不是经济学家，也可以从以下几点来鉴别泡沫。

第一，价格和价值的背离。包括股票和房地产在内的资产价值都有现成的评估方式，只要具有一些基本的金融知识，就可以大致计算出大多数股票和房产的合理估值。

第二，交易量的放大。价格的上涨引发更多资金的追涨，而新资金的注入令泡沫进一步膨胀，从而形成“正反馈”。

第三，新概念。泡沫的出现都是和重大的社会变革和技术进步相关联的，比如美国20世纪20年代电力和汽车业的出现，80年代日本的腾飞，90年代互联网的兴起，21世纪中国的崛起，人民币升值预期等。在开始的时候，价格的上涨和这些基本面因素是可以挂钩的，但是很快，价格就偏离了实际。

第四，信心膨胀。在泡沫膨胀到一定程度时，很多人会发现做什么都不如炒股、炒房赚钱，因此街道上会出现房产中介比饭馆多的现象，而新房的房号可以卖到很高的价格。另外，资金不多的人也会通过炒号、借贷或合伙等方式进入市场。

在泡沫的膨胀期，其实一直都有人看空，但是空方的行动总是不一致，因此总是被多方“围殴”。直到有一天，市场上看空的人终于同时达成了一致，因此价格的上涨停止了。而此时，由于很多投资者承担了过大的风险（比如借债买房或炒股），价格的下跌导致他们（以及他们的债务人）的财务状况急剧恶化，泡沫破灭了，价格的下滑比上升时还要快。这就是著名的明斯基时刻。

如前所说，一般来讲，泡沫的崩溃速度要快于泡沫的上涨速度。如果是一个持续8年的泡沫，往往其中5年是上涨，3年是急跌。

第五节　美国经济大萧条时代的金融状况

1918年第一次世界大战结束后，美国人迎来了一个前所未有的幸福时代。从1923~1929年，美国工业生产增长近一倍。国民总收入由1919年的650亿美元增长至1929年的828亿美元，人均收入从1919年的620美元增长至1929年的681美元。长达10年的大牛市更是把道·琼斯指数从1921年的75点推到了1929年顶峰时的363点。这次大牛市在1928年3月~1929年9月表现得更加疯狂。短短18个月内，通用电气公司的股票从128美元上升到了396美元，美国钢铁公司的股票从138美元上升到了279美元。

美国此轮经济繁荣主要表现为工业生产的高速增长，其中以建筑、汽车、电气和钢铁业的表现最为突出。到1929年，美国在资本主义世界工业生产的比重已达48%，超过了当时英、法、德三国的总和。当时的美国总统柯立芝声称，美国人民已达到了“人类历史上罕见的幸福境界”。

可惜的是，这个幸福的时代并没有继续维持下去，而是从一个极端走向了另一个极端。1929年末，从美国股市开始的大溃败蔓延到社会的方方面面，金融史上称之为“大萧条”。

10月21日，纽约证券交易所一开市就出现大笔抛售，全天抛售量高达600

多万股，以致股市行情自动记录器到收盘1小时40分后才记录完最后一笔交易。

10月23日，形势继续恶化，当天《纽约时报》指数下跌31点，道·琼斯指数下跌24.25点，成交量再次突破600万股。

10月24日，星期四，这被看作是1929年股市大崩盘的第一天，被人们称为“黑色星期四”。早晨一开市，股价就如决堤之水轰然下泄，下降之快，连场内的自动行情收录机都赶不上。到上午11点，股市已完全陷入恐慌之中，狂跌不止。由于承受不了股市暴跌的压力，一个小时内，有11个知名的投机者自杀身亡。中午时分，纽约几家主要银行迅速组成“救市基金”。13点，纽约证券交易所总裁理查德·韦尼亲自入场购买股票，希望力挽狂澜。救市措施在下午取得了一定效果，到收盘时，《纽约时报》指数只下跌了12点，但成交量达到了惊人的1300万股，是平时的三倍。股价的巨幅波动和成交量的巨额放大，给人们脆弱的心理造成了巨大冲击。

10月28日，星期一，股市一开盘就开始狂跌，胡佛总统周五的讲话丝毫没有起到作用。至当天收盘时，纽约时报指数下跌49点，道·琼斯指数狂泻38.33点，日跌幅高达13%，“黑色星期一”由此诞生。尽管如此，这一天已经没有人再出面救市。

10月29日，最黑暗的一天到来了。上午10点钟，纽约证券交易所刚刚开市，猛烈的抛单就铺天盖地席卷而来，人人都在不计价格地抛售，经纪人被团团围住，交易大厅一片混乱。道·琼斯指数一泻千里，股价指数已从最高点386点跌至298点，跌幅超过22%（此记录直到1987年才被打破）。当天收市，纽约股市创造了1641万股成交的历史最高纪录。一名交易员将这一天形容为纽约证券交易所112年历史上“最糟糕的一天”。这就是史上最著名的“黑色星期二”。

当时的惨状从这样的一个小故事里可见一斑。一个投资者在1929年初的财产有750万美元，最初他还保持着理智，用其中的150万购买了自由国债，然后把它交给了自己的妻子，并且告诉她，那将是他们以后所需的一切花销，如果万一有一天他再向她要回这些债券，一定不可以给他，因为那时候他已经丧失理智了。而到1929年底，那一天就来了。他向妻子说需要追加保证金来保护他投到股市上的另外600万美元。他妻子刚开始拒绝了，但最终还是被他说服了。但故事的结尾却只能以这个家庭倾家荡产而告终。

经历了最惨烈的“黑色星期二”以后，虽然没有再次出现如此剧烈的跌幅，但整个11月份都延续了绵绵不断的阴跌态势。到11月底，道·琼斯指数跌至198点，月跌幅达48%。

为什么会发生大萧条呢？主要有以下这些原因。

第一次世界大战后，美国的农业一直没有从战后恢复过来，农民在这个时期始终贫困，农村购买力不足。而此时工业的增长速度却很快，在1920~1929年间，工业总产值几乎增加了50%。此阶段工业的增长主要集中在一些新兴工业部门，而采矿、造船、纺织、皮革等老工业部门都出现了减产危机，大批工人因此失业，导致了社会购买力不足。而这一时期由于兼并之风盛行，越来越多的社会财富集中在少数人手中，全美1/3的国民收入被5%的富有者占有，60%的家庭年收入仅够温饱水平，还有21%的家庭年收入在贫困线以下。

由于社会购买力不足，大部分财富都集中到了极少数人手中，从而引发了生产过剩和资本过剩。虽然金融巨头在投机行为中都获得了高额利润，但大量资金并没有被投入到再生产过程，而是被投向了能获得更高回报的证券投资领域。正是这些无处可去的“热钱”推高了美国的股市，成为“黑色星期二”发生的基础。

这场持续到1933年的“大萧条”比以往任何一次经济衰退所造成的影响都要深远得多。在这期间，有至少13万家企业、5000家银行倒闭，汽车工业生产水平总体下跌了95%。到1933年，工业总产量和国民收入暴跌了将近一半，失业人口达到了全国劳工总数的1/4。

大萧条还对世界经济造成了严重的影响。由于经济大萧条，美国金融公司开始收回它在国外的短期贷款，这一举动引起了一连串负面效应：维也纳最大的银行奥地利信贷银行宣布无清偿能力，德国丹纳特银行随后也宣布无力清偿；接下来的两天时间里，德国所有银行都被命令放假，柏林证券交易所关闭了两个月；1931年9月，英国放弃了金本位制。

1933年初，富兰克林·罗斯福取代了焦头烂额的胡佛，当选为美国第32届总统。他针对当时的实际情况，顺应广大人民群众的意志，大刀阔斧地实施了一系列旨在克服危机的政策措施，被称为“罗斯福新政”。新政的主要内容可以用“3R”来概括，即复兴（Recover）、救济（Relief）、改革（Reform）。主要措施有以下五条：

（1）整顿银行与金融体系，迅速恢复银行信用，让美元贬值以刺激出口。

（2）复兴工业：“蓝鹰行动”防止了盲目竞争引起的生产过剩。1933年3月9日~6月16日，罗斯福向国会提交了15篇咨文，引导并敦促议员们通过了15项重要法案。1933年6月20日，国家复兴管理局成立。在复兴管理局主导下，制定了《公平竞争法》。该法明确规定：工人有权组织工会，选派代表与雇主谈判、签订集体合同；禁止雇用童工，雇主必须遵守最高工时和最低工资限额；产业工人每周工时为35小时，脑力劳动者为40小时；产业工人最低工资每小时为40美分。

（3）调整农业政策。让农民缩减大片耕地，屠宰大批牲畜，由政府付款补贴，提高并稳定农产品价格。

（4）推行“以工代赈”。“以工代赈”明确规定对有工作能力的失业者不发放救济金，而是帮助其通过参加不同的劳动获得工资。此举为广大失业工人创造了就业机会。到第二次世界大战前夕，政府投资的各种工程总计雇佣人数达2300万，占全国劳动力人口总数的50%以上。

（5）大力兴建公共工程，缓和社会危机和阶级矛盾，增加就业，刺激消费和生产。

参考文献

[1]陈根.金融学入门一本通[M].北京：化学工业出版社，2020.

[2]武庆新.我的第一本金融学入门书50讲[M].北京：北京工业大学出版社，2012.

[3]陈志武.陈志武金融通识课[M].长沙：湖南文艺出版社，2018.

[4]斯凯恩.从零开始读懂金融学[M].上海：立信会计出版社，2012.